前方是什么

吴非 著

中国人民大学出版社
· 北京 ·

图书在版编目（CIP）数据

前方是什么 / 吴非著. —北京：中国人民大学出版社，2017.6

ISBN 978 - 7 - 300 - 24348 - 1

Ⅰ. ①前… Ⅱ. ①吴… Ⅲ. ①教育—随笔—中国—文集 Ⅳ. ①G52-53

中国版本图书馆CIP数据核字（2017）第085631号

前方是什么

吴非 著

Qianfang Shi Shenme

出版发行	中国人民大学出版社		
社　址	北京中关村大街31号	邮政编码	100080
电　话	010 - 62511242（总编室）		010 - 62511770（质管部）
	010 - 82501766（邮购部）		010 - 62514148（门市部）
	010 - 62515195（发行公司）		010 - 62515275（盗版举报）
网　址	http://www.crup.com.cn		
经　销	新华书店		
印　刷	北京东君印刷有限公司		
开　本	168 mm × 239 mm　16开本	版　次	2017年6月第1版
印　张	14　插页1	印　次	2019年11月第5次印刷
字　数	190 000	定　价	39.80元

CONTENTS 目 录

第二辑 你小时候是第几名?

第三辑 青蛙,想想你当蝌蚪的时候……

第四辑　沉重的话题

第五辑 阿甘在跑

第六辑 出没风波里

再版前言

《前方是什么》是我的第二本教育随笔集，2006年在吴法源兄的鼓励下整理出版。此前《不跪着教书》出版引发的讨论和反响，让我意识到作为教师的教育观察与评论所具有的特别价值，也因此看到无数和我一样的教师在思考职业生命的意义。长期立在讲台边，或许更能清晰地从具体现象入手认识教育的艰难，而面对困境，也就不能没有一个鲜明的态度。毕竟，在文明社会，选择一个职业，未必仅为糊口。如果教师不珍惜职业名誉，对教育境况没有深刻的个人反思，他的教学也许不会有什么价值。

去年曾有读者翻这本书，问："新写的？"我告诉他，是2006年出版的，遂引发一番感慨："前方"究竟在何方？教育怎么没有往前走，还在原地徘徊？学校的教育行为究竟要不要遵守社会准则？

进步是缓慢的，也只能是缓慢的；几千年的历史文化厚重，也因此显出沉重。作为个体的人，可以挣断锁链自由奔跑，而身为教师，似乎只能负轭前行，即使一步一喘息，也难有一释重负的决心。我当然也疑惑，中国社会对教师职业的认识何以总是那么奇特、麻木。当年亲历教育观论争，发现人与时代的惶恐，虽然经济迅猛发展，而文化教育的健康发展非常缓慢，应试教育以前所未有的烈度冲击教育常识，民粹口号甚嚣尘上，各类教育法规形同虚设，超量作业、频繁考试、疯狂家教、恶性补习、封闭式管控，构成了反常识、反人道的教育，这样的教育只追求升学率，无视学生身心健康和生命安全。

改革开放时代，教育不可能没有丝毫进步，比如所谓"硬件"得到改善，教育的现代化得到重视，教育投入虽然存在短缺，但规模一直在扩大，等等；也许如时论所言，是人们对教育的期许过高，而更多地关注教育带来的“利益”了。因为这样的文化，教育态势就不免潮起潮落，不免“倒灌”“逆流”，也就不可避免地出现“倒退”。教育生态遭破坏，教育常识被颠覆，似乎并没有引起业界的足够警惕，倒是有人对倒行逆施推波助澜。如鲁迅在《习惯与改革》中所说，“改革一两，反动十斤”，不幸成为事实。审视当年，我对教育现象的慎重批评，被一些人视作危言耸听；十多年过去，那些负面现象非但没被遏制，而且有所恶化：一些学校不但敢于颠覆常识，也毫无道德底线；某些“教育商”以“教育家”的面目包装，把教育当作赚钱的生意，欺世盗名，在骗取劳动者血汗的同时，也用荒谬的“教育”把他们的子女教成非人。

无论如何，一个时代的教育必然会对未来产生深远的影响，一如能从当今的教育困境，观察到几十年前错误教育埋下的祸根。我想，真的教师，面对教育的困境，不能总是闭上双眼；这一代教师必须面对现实，不放弃理想，有批判的勇气，有理性的反思，非此不足以担负教育重任。

教育是“为了明天”的事业，教育工作者当有“前方”的意识，不会借口“看透了”而放弃理想。此次再版除订正个别字句，不做大的改动，为的是让读者观察十年前的教育状态。回顾这十多年的“只管往前走”，确实很累，然而无悔。我无猛志，惟存恒心。虽无力大步前奔，但我确信是在前行而非倒退，能做多少算多少，不懈怠，把自己能想到的都做了，庶几无憾矣。

我从不恐惧孤立，我只担心自己不够独立。

吴 非

2016年10月于南京

自 序

两年前，我在整理《不跪着教书》书稿时曾想到：要是这本书能“速朽”，中国教育就有希望了。那本书出版快两年了，两年来，教育界上空仍旧没有一方明朗的天，我们仍然没有呼吸到自由的空气，教育的种种悲剧仍不断地从各地传来……当今中国教育界的许多现象令人羞愧，如果对那些丑恶现象保持缄默，甚或从中分羹，则意味着无耻。

作为教师的个体生命究竟有什么价值，在于教师自身的认识。人有信仰，即使单枪匹马也会无所畏惧。因为看够了成群结队，听够了众口嚣嚣，我对独往独来的虎豹或鹰隼一直怀有敬意。这两年面对各种困难，觉得自己过得比较充实，同时能为自己不断有新的磨砺而感到愉快。我从不认为自己的职业无足轻重。罗素说：“自尊，迄今为止一直是少数人所必备的一种德性。凡是在权力不平等的地方，它都不可能在服从于其他人统治的那些人的身上找到。”人只有把自己作为具有独立意志的公民而不是任人驱使的工具，社会才有可能进步。教师之于教育，更是如此。

若干年前看到一段文字，说民国初年中原灾荒，饿殍遍野，人易子而食，有外国传教士施粥济众，他们在寄给亲友的信中写道“我们要让这些人能像人一样地死去”。记得当时大受刺激，废书而叹。也许就是在那种刺激下，我觉悟到教育的目的其实极为简单：教育，是为了要让学生像人一样地活着，要让他们像人一样地活得更好。

因而也想到，我们可能需要换一种思维来分析当今的教育问题。既然对教育改革有那么多怀疑或反对的意见，我们不妨这样去想：教育改革对谁不利？既然发展国民教育有那么多的困难，我们也不妨去想：发展教育究竟对谁不利?

收入本书的是2004年7月至今的评论和随笔。请读者原谅这些文章谈了些不愉快的话题。宁鸣而生，不默而死。予岂好辩哉！当有人要改变教师的生存方式，侮辱教师职业，亵渎教育理想时，你能装得若无其事？我当然明白自己的选择可能“不合时宜”。于是想到鲁迅笔下的过客，他说“那前面的声音叫我走”，“我只得走。我还是走好吧……”我从不敢想象那个过客会“就地卧倒”或朝后狂奔，因为他是反抗绝望的思想者，而不是行止无常的阿甘先生。

2006年6月于南京

第一辑　寂寞者依旧寂寞

前方是什么?

问过不少前辈，当年为什么选择做教师，其中有几位告诉我，当年有一部苏联电影《乡村女教师》影响了他们。他们也幻想过在那遥远的、荒凉的、贫穷的村庄里，能像瓦尔瓦拉那样，亲切地对着台下一双双渴望的眼睛说："孩子们，现在开始上课，我叫瓦尔瓦拉·瓦西里耶夫娜……"

"瓦尔瓦拉·瓦西里耶夫娜"，"瓦尔瓦拉·瓦西里耶夫娜"，一代一代的学生亲切地重复着这个名字。瓦尔瓦拉已经白发苍苍，仍旧立于讲台前，亲切庄重地对孩子们说："孩子们，现在开始上课，我叫瓦尔瓦拉·瓦西里耶夫娜……"那天使般圣洁的声音也曾不断地回响在我的耳际，回响在我的生活中。我记得那好像是舒绣文配的音，舒绣文这个名字，知道的人也越来越少了。

大学一年级，我28周岁。挨过了"文革"，经历过精神迫害，忍受过肉体折磨，失去过自由与平等，眼见过冷酷与不义，然而我们依然憧憬着人的善良、人的自由平等和人的幸福；我们依然相信，只要有教育，人们的生活一定会变好，社会一定能进步。和那些比我年轻十多岁的同学坐在一起听教授讲《教育学》，我渴望着尽早走上讲台。那一年重读马卡连柯的《教育诗》，我依然在做梦，但是我不觉得梦有多遥远。我们做的每一件事都是那样的实实在在，在地上留下了脚印。我们相信，教育能改变人生，改变社会，这不是幻想。

很快，又是一个28年过去了。我经历了许多世事，再回溯往事，不能不感慨人生如梦，而教育已经是梦中的诗。环视周围，同志们已经变得非常非常"现实"了。

“理想主义者”几乎成了挖苦人的话。2005年，教育被认为是“三大乱收费行业”，已经有人称教师为“眼镜蛇”。“眼镜蛇”有什么邪恶特征我不大清楚，不过我的确也见到过那些骨碌碌转动着眼珠的同行，他们什么坏事都敢去做。

怎么说呢？有什么可说的呢？贫困不一定能毁灭人的理想，但是专制文化，哪怕仅仅是残余的专制文化，就足以让一些教师的膝盖发软。人，总该有点追求，连陈涉都感慨“燕雀安知鸿鹄之志”，何况本身受过教育又从事教育的教师？但是社会的庸俗像瘟疫一样地传染给教育界，金钱能不费气力地腐蚀人的理想。没有合格的教育者，明天就不会有人来建设这个国家。这是我作为一个公民的思考。我原来以为这样的结局会让大部分公民忧虑，可是大家最终不仅发现“肉食者鄙”，也想到了“匹夫无责”。

前方是什么？

不知道。我只知道不能后退。

我插队生活中有一些不可磨灭的记忆，其中在雨夜泥泞中独自跋涉的经历经常浮现在眼前。在大雨瓢泼、伸手不见五指的夜，身上已经被淋得没有一块干处，每一脚都深深陷入烂泥中，每往前迈一步都要用尽全身的力气，只能借天空的闪电看清脚下的路，我记不清多少次滑入水沟，又挣扎着爬回泥泞之中。那时候，依稀能看见前方村庄闪烁着的一点点灯火，心里想的是，只要多走一步，就能离家近一步，就能烤火，就能有热水，就能躺下……走啊，再走，再走。

我在1982年读到柯罗连科的《火光》，那时我已远离插队生活，结束了大学学习，在中学的一间教室里，我和学生一同读一本文摘。当作者以为马上就到过夜的地方，正要谢天谢地时，船夫的那声“早着呢”让我猛醒，那种感觉，就像瓢泼大雨又一次淋在头顶。我生活中的那种困境结束了吗？没有。它也许会以另一种方式在我面前重演一遍。我读完了大学，生活在城市，再也没有挨过饿，可是在我的生命中，依然不时地生出那种在雨夜泥泞中跋涉的感觉，每一步都艰难，但是每一步都踩下一个深深的脚印，就这样过了不惑，过了知天命之年……

前方是什么？

管它呢，只管往前走。

我从来就没指望有人慈悲地替我把坎坷抹平，我更不敢紧跟那种永远正确的“带路人”，而且事实证明，每当我们被带到绝路、邪路上时，“带路人”非但不做任何忏悔，还总是文过饰非，教训我们要反思。因而我想，在我们中国，人既要有自知之明，也需要有点自信。

五六年前，从报纸上看到侵华日军细菌战受害者诉讼原告团团长王选女士的故事，深为所动。王选比我小几岁，但是她的坚韧令人感佩，我自觉在这方面不如她。对待那种不可理喻的顽固，我常用“愚蠢的人是不可战胜的”来为自己开脱。也就是说，我为了省点口舌，有时不得不看着某些人去犯点错误。可是王选不是这样。我印象最深的是她说的那句：“既然看见了，就不能背过脸去。”在8年多的诉讼中，41次开庭，作为团长的她，每次都站在那里，面对法庭上满座的日本人。其中有18次，法庭上只有她一个中国人。我想到她的孤独，也想到她因这样的孤独而美丽。今年春天，我见到王选，我们在交谈中提到了许多共同话题。在那前几天，另一位也叫王选的院士去世了。当过8年中学教师的王选女士谦虚地说：“和他相比，我是个小知识分子。”我不这样认为，我以为知识分子无大小之分，只有真假之别，就凭一个人18次独自站在日本法庭上代表中国受难者参与诉讼，这种勇气与信心就足以让一群“大知识分子”无地自容。未来人在写今天的历史时，他们会注意到，在那些年代，我们民族仍有把人的尊严看得高于一切的真的知识分子。“既然看见了，就不能背过脸去。”——我们中国，如果人人都有这样的责任感，中国的今天会是什么样的？！

我难以相信的是，我周围的“知识分子”怎么就那么满足于有人告知的知识和思想，他们没有任何排异功能，就像依靠标准生产出的部件，别人为他灌输意识，就真的好像可以随意拼接组装一样。这在几十年前的政治气氛下当然不足怪，可是在经历了“文革”之后，他们也没有反思意识。大概是1978年秋天，我混在高校马列教师和省级机关干部中听胡福明的报告，当时，胡福明执笔写的《实践是检验真理的唯一标准》引发了全国性的讨论。他说到反右伤害了知识分子，说到“大跃进”是错误，说到应当替彭德怀平反，说到“文革”是灾难，说刘少奇根本不是叛徒、内奸、工贼……他每说一句，我身边的几个高校政工干部就咂一下嘴，说他是“胡说”。20多年后我见到胡福明先生，说起那场内部报告以及当年他承受的压力，他记忆犹新，也感慨不已。现在回头看，中国的政界、学术界以及知识分子是在用运动的方式讨论、学习一个常识。但是胡福明在述说自己见解时的那种勇气，曾长时间地影响过我。

一切都过去了。独立思想者从不炫耀先见之明，他们更多的是关注下一个问题。

中国的教育将往何处去？明天，谁来建设这个国家？这些问题，如果我们不思考，也许就没有人去思考了。社会分配的不公、无所不在的金钱诱惑、教育领域的种种腐败，正在腐蚀一个时代的教育；但是，这些却很难腐蚀有灵魂的教师，因为他们是一群有信仰的、站直了的人。中国人应当铭记教育守望者们在艰难困苦条件下的付出，没有他们神圣庄严的工作，就无法铸造国民雄健的魂魄，而一切发展也将化为乌有。人可以没有宗教信仰，但是从事真正的教育需要宗教般的执着精神。鲁迅说，“背着因袭的重担，肩住了黑暗的闸门，放他们到宽阔光明的地方去”，这“是一件极困苦艰难的事”。正因我们面临的也是“极困苦艰难的事”，所以我们只能朝前方走去。

走吧，走出光明来！

从人到狼

有位老教师非常愤怒地说了一件事。她所带的高三班在“一模”之后，开了家长会，一些家长对班主任和任课教师的复习安排不感兴趣，他们只关心：我的孩子能不能考出高分？还有没有潜力？他们纷纷从自己孩子的角度对教学提出各种要求。教师回答说，我们的复习按教学计划施行，学校也有总体安排。有个做母亲的说：“‘一模’过去了，哪些学生行，哪些学生不行，已经很清楚，我认为教师不应当把精力花在那些考不取重点大学的学生身上，应当重点辅导像我女儿这样的学生。那些‘垃圾学生’就让他们算了。”——凡是听到这句话的教师都受了强烈的刺激，人们很难相信，在2005年，在一所名校里能听到家长如此放肆的言论，而更令人不敢相信的是，这句话竟然从一个母亲的口中说出。同时令人不解的是，据说其人颇有社会地位，属于那种引导社会精神文明建设的人物。

奇怪吗？不奇怪。

家长敢于这样对教师说话，说明当下的教育环境被污染到何种程度了。

中国人所津津乐道的舶来品，往往是世界上已经过时的旧货。就说这“竞争机制”，虽然兴起于西方，但是目前在西方早就不时髦了。时下西方谈的多的是“合作共存”“双赢”。我们这边引入“竞争机制”后还掺进了不少“土特产”。连中小学教育也引入了竞争机制，校园里也有教师介绍经验说：“一个班只要有几只狼，学习就带上去了。”学校里公然只谈成绩竞争，不谈合作学习、友情互助。就连小学生的成绩也要排名次。仿佛这么一来，万物附势竞上，中国教育就能新生，民族就有希望了。在这种大势下，教育被当作服务性行业，竞争成风。有些地方，教育局长号召学校竞争，学校校长鼓动教师竞争，教师则动员学生竞争。学生在竞争中不可能得到正常的人文关怀，所受的教育也演变为非人化教育。他们从少年时代起，就看不到合作与友谊，看到的只是“你死我活”，看到的只是弱肉强食。名次落后就声名扫地，名列前茅则可以出人头地，竞争的目的就是要做“人上人”……

据说南方有所学校门口的雕塑就是“狼与羊”。

时下在学校里能见到这样的学生：他目中无人，可是教师对他另眼相看；他有什么不满，不屑于对教师讲，而是直接与校长交涉；如果谁指责他缺乏教养，教师就会解释说“不过他成绩很好”；他家的车堵在校门口，门卫请他往边上停，家长说：“你再敢啰唆我就把小孩转到别的学校去！”……

缺乏对弱者的怜悯，缺乏对贫者的同情，缺乏责任感，缺乏正直与善良，缺乏自省忏悔的意识，呼吸着应试教育的空气，又在这样的家庭教养中熏染，孩子能有怎样的人格追求呢？然而，即使是升学型教育，人也不能这么快就变成狼啊！不过，如果生活在狼群中，感受的是“狼文化”，你就不必惊讶他很快会发出第一声嗥叫……

经过千万年的劳动，野兽进化成了人；而在残忍的教育下，人很快就能变回野兽。

第一滴污垢

朋友李先生的儿子阳阳上小学一年级，李先生兴奋不已，仿佛这是他治学种子的延续。我比他冷静。作为教师，我深知，在我们这里，一个孩子进入小学后的读书乐趣能持续多长时间。

然而，阳阳遇到的难题却又出乎我的意料。

阳阳在一年级受到过不少表扬，得过不少“红五星”。有一天，阳阳回家不笑，不说话，脸上挂着与7岁年龄不相称的郁闷。上午的语文课上，老师给同学们发了一张讲义，上面有些练习题，做完了，老师讲评过了，也下课了。阳阳坐在窗口玩，邻班的语文教师走过，隔着窗口说：“啊呀，阳阳，我来看看你做对了多少题。”说罢，拿过阳阳的讲义认真看了一遍，夸了他两句，就走了。下午第一节课上，语文老师严厉地批评阳阳“随随便便”，又压低声音对大家说：“以后我们班发的讲义，不能给其他班的老师看，记住了吗？”

中国的成年人也许能猜出两位教师间出现了什么微妙问题，也会想到这所学校风气如何，但是7岁的阳阳完全不明白老师的话。阳阳的疑惑是：“为什么不能把讲义给别的班的老师看？她们对小朋友也很亲切呀。”他问父亲的第二个问题是：“我该怎么办？”

如何回答这个7岁孩子的问题？我不知道。我只能向教师发问：你难道没想到教育是对人心灵的陶冶吗？你就这样没有羞耻地向一个孩子展现你的“师表”？你玷污了教师这个职业，你更伤害了孩子对教育的崇敬。让一个7岁的孩子面对这种复杂的“中国式”难题，证明你没有当教师的资格。

孩子们时常受到类似的伤害。有位硕士说，从小她很敬重教师，她第一次对个别教师的品格产生怀疑是在小学四年级。那一次公开课上，数学老师提问，她同座男生回答不够准确。第二天上课，老师指着那个男生说："你的脑子怎么比猪还笨？"全班顿时哄堂大笑。那位男生后来因此经常遭同学嘲笑，在很长一段时间内性格沉闷。这件事刺激了她，好多年过去，她还是无法原谅那位数学老师的粗野。

听到这些事，很愤怒，也很悲哀。这些行为，是对教育的亵渎，是没有职业道德的表现。仅仅为争班级成绩排名，教师之间竟然相互封锁信息；仅仅为一节公开课的评价，教师竟然对学生口出恶言。有人曾认为这类事不能怪教师，是学校管理和评价机制造成了教师素质下降。对这样的观点，我很难接受。把竞争机制引入教育，是教育界最大的隐患，特别是在这种文化形态的社会。存在于高校的学术腐败，存在于中学的恶性竞争，最终伤害的都是青少年。现在连小学一年级7岁的儿童也要面对污浊的"文化"，这让人说些什么是好呢？那种违背教育的真谛，缺乏职业道德、非人性的做法当真是不可抗拒的吗？

我喜欢孩子，特别是那些刚刚会说话的小孩子。看着他们清澈的眼睛，捧着他们白白的小手，我的心灵常常会有一种震颤，我的眼眶会莫名地湿润。我畏惧，我担心。我们能把这个孩子教育成一个人吗？这个孩子纯洁的心灵究竟会在什么时候，在什么地方，会被什么样的人，用一种什么方式，洒上第一滴难以抹去的污垢呢？

不能让儿童接触残忍

一个10岁孩子正在玩电脑游戏，游戏名称我不知道。只见屏幕上有一支枪（这支枪是由游戏者掌控的），瞄准器对准了一个人影，孩子迅速敲了一下键盘，那个人影应声倒地，脑袋迸出鲜红的血；孩子目无表情，他的枪又指向下一个目标。我惊讶地问他："你在电脑上一天要杀死多少人？"孩子眼睛没有离开显示屏，若无其事地回答："没算过，大概有几百人吧。"

那个画面我至今难忘，也百思不解。有人笑我少见多怪，说当今电脑游戏如果没有这种感官刺激，不仅仅网吧，就连生产商和销售商也得关门歇业。我问过一些孩子，他们说只要玩这类游戏，"不杀死一批人就没意思"。那么用枪瞄准一个在活动的人并射击，要不要想一想为什么要这样做？"不可能，这是游戏。"孩子们说。

十多年前，有识之士提出儿童玩具中兵器过多，易于培养不良意识，现今人们已经注意到儿童玩具的规范，但是仍旧没能控制电脑游戏的生产、销售与传播。这方面的社会呼吁已经不少，但是没能引起政府部门的足够重视，甚至还有电视台开辟专门的节目指导如何玩战争杀人游戏。

每次乘坐长途汽车去上海，司机都会放一两部香港电影。这些电影基本属于所谓"动作片"，由周润发、刘德华等人主演，每次少则杀十个八个，多则杀得尸横遍地。香港的暴力片还有些西方没有的特点，比如能编演出各种各样骇人听闻的折磨人和杀死人的方法。其实，生活中香港艺人的胆量并不如他们在影片中表现的那样勇武，往往接到一个骚扰电话都会小心翼翼地报警。他们拍摄的那些带有血腥暴力的影片在香港是有限制级的，有很多影片被规定18岁以下的未成年人不能观看。可是这些影片在内地却畅通无阻，谁都能看；长途汽车上，孩子们同大人一道观看，没有谁觉得不合适。在内地乡镇，这些血腥暴力片是影视厅的“主打片”；在城市，看这类影视片是缺少文化生活的民工的主要娱乐活动。

一个孩子从小就可以那样不经思考地去剥夺别人的生命，虽然不过是在虚拟的场合中，但是从对少年儿童的教育出发，必须考虑到：任何缺乏人道精神的暗示都会让他们变得缺乏人性，走向野蛮。

在电脑游戏、DVD封套上标明限制级，不是一件很难的事；国家对此发布强制性标准，不是很难的事；查究相关的违法情节，也不是件很难的事。但是少年儿童在活动中不断地接触暴力，自身的人性就会逐渐消失，逐渐漠视人的生命，如果到那时再试图改变他，可能就是一件很难很难的事了。

这些都不是小事

你来信问我如何与学生相处，我想这是个很大的题目。以我的水平和实际经验，也只敢大题小做，说点体会罢了。

好多事看起来很小，似乎不足挂齿，但是与学生相处，教师的一举一动都可能具有教育价值，一言不慎，都有可能伤害到学生，千万要注意这些。当个好教师不是那么容易的啊。

如果学生忘记交作业，至多批评一句就算了，千万不能让他跑回家去拿；上课时有孩子可能会神色不安，也许是内急，你可以悄悄走到他面前，问他是不是想上洗手间——要知道，一个胆小的孩子会憋出病来的；学生上课迟到，不要过多责备，他可能已经很难堪了，你再追究也妨碍了全班同学的听课；如果学生病假后来上课，尽可能不要他补作业，他病后也许比较虚弱，等他痊愈了再说……

你在课上讲评作文，需要读学生作文时，最好问一句"我可以读你的作文吗？"或者"你愿意让大家看看你的作文吗？"学生在作文中对你说了一些他想说的话，也许并没有想到你要让全班同学知道，教师事先征求意见很有必要。

我当教师这么多年，从来没有让学生写过"日记一则""假期日记"那样的题目。学生虽然小，也要给他们灌输权利意识，私人的东西不要随便给别人看。我们少年时代没有这回事，老师让我们交"思想汇报"，我们就交（后来的学生还要"狠斗私字一闪念"，要说出内心的隐秘，说出来了，再由教师"帮助教育"）；能保护自己的学会了说假话，不会保护自己甚至不肯保护自己的最终就得付出重大代价。那些年，街巷墙上的判刑布告中，赫然将“书写反动日记”当作判处重刑的罪名。那是对人的基本权利的严重侵犯，做法和法西斯一样。我们不能让那样的事重演。要告诉学生：日记是私人隐秘的世界，有权不让别人看。作为教师，即使是小学生也不要让他们交自己写的日记，从小就让他们得到尊重。

要尊重学生的人格，尽可能不要让他们做违背自己意愿的事。有校长对某教师说了一句“你课后到我的办公室来一下”，那位教师很不高兴，认为校长不应当在上课前对她说这样的话。可是这位教师对学生也常说“你下课后到办公室来一下”。为什么不考虑学生的感受呢？能不能这样说：“你愿意下课后到我办公室谈谈吗？”或者“如果你有时间，放学后请到我的办公室来一下，好吗？”事情也许就会是另一种结果了。这是对学生的尊重，教师也应当通过这样的语言方式使学生获得教养。

你们年轻，在带一个新班之前，一定要了解全班学生的基本情况。比如，学生是哪个民族的，有没有宗教背景，家庭是否完整，有没有人患病（特别是精神方面的疾病），父母从事什么职业，家庭经济情况如何，等等。学生有可能比较敏感，我们一些同行言谈直率，无意间说的话不小心也会伤害学生的自尊。不久前，我的同事了解到一些学生家庭贫困，决定替他们代交讲义费，这几位教师郑重其事地商量了办法，先让课代表收齐全班的讲义费，然后把家庭困难的学生一个个单独找到办公室，悄悄地把钱退给他们。教师这种不惮其烦的一番苦心会给学生一生留下美好的记忆。

千万不要以为这是多此一举，这是教育。学生年纪小，他们未必能像我们一样接受种种冷酷的现实，在这样的年纪，要给他们的心灵多种几粒善良的种子。在以后的岁月中，当他们回望童年、少年时代，对人世间就会充满感激，并可能把善良和爱传播给更多的人。

面对儿童的眼睛

你说对了，我的确不喜欢逗弄小孩。我很喜欢小孩，很多小孩也喜欢我，有人认为是我的体胖和动作慢使孩子们感到安全，我看未必；我认为重要的是我能尊重他们，把他们当人一样对待。

你留意看看周围的人是怎样逗弄孩子的，真让人郁闷。单位办公室里，如果谁把自己的宝宝带来，总会有一群人轰地围上去逗弄。每逢这样的场面，我总觉得那一群动作大声音响的成人像是不太正常：这个不断地用手拨弄宝宝的小嫩脸，那个不停地叫着“喊我一声！喊我一声！”有的强行抱人家的孩子，有的拍着手喊宝宝的名字，嗓门一个比一个高，根本不管那孩子的感受，终于，那孩子惊恐至极，“哇”地一声哭起来了，于是“礼成”。

观察多次，发现最终都是一群没头脑的大人把一个可怜的孩子弄得哭闹起来。有什么可说的呢？也许几百年来大家都是这样做的。人们习惯了这样做，仿佛这是对孩子的宠爱，或者可以看作对家长的善意表达——如果看不起或是没交情，兴许根本就不会理睬孩子。然而许多孩子就这样从小得不到应有的尊重，被当作玩物一样随意逗弄。这种孩子长大后，自尊心不强，责任感不强，他们性格上的这些问题在儿童时代就种下了。

让孩子们自由自在地玩吧，除非他们需要你的出现，除非他们对你有好感，愿意和你说话。

你走近他，要像靠近小动物那样谨慎，注意不要惊动他。你身上也许有他不习惯的气味，也许你的动作幅度过大会吓着他，也许你的嗓音高使他不习惯，也许你的口音特殊他根本听不懂……总之，在他的眼中，你是个陌生人。

蹲下去或者跪着和他说话，眼睛和他平视，不要让他吃力地仰着头看你。

你不要指望他会主动喊你，如果他那样做，也许你会认为他“嘴甜”，他也会认为“嘴甜”能讨巧。而这究竟是不是一件好事呢？你不要总是让他喊你爷爷伯伯什么的，他这会儿并不想喊人，他的目光已经不在看你了，你不要为了自己的面子强行吸引他注意你。即使他喊你一声，也是因为他急于要从你的牵制中走开。

如果一个已经有语言能力的孩子注意到你了，你可以先介绍自己叫什么名字，再问孩子的名字。你最好别摸他的头，他也许很厌恶和陌生人有身体接触，他仅仅是出于礼貌没有推开你的手。你可以向他伸出手请求握手，很多孩子喜欢握手的形式，他会因为你把他当作大人而感到愉快。

寻找他感兴趣的话题，看他是否愿意和你交谈。注意，不要用食物引诱他，他对你手上的那块巧克力未必有多少兴趣。偶一为之也就算了，如果你每次都这样做，其实是把他当作马戏团里的角色了。

你不要以为自己有多少资格可以教育儿童。现在的孩子太累了，已经有许多人在你之前教训过他了，你的教诲不过是枯燥的重复，他不明白你们这些人为什么要说一模一样的话，他已经快有些不耐烦了。如果他已经识字并已经开始学着考虑问题，他甚至会认为你根本不行，你说的远远没有书上说的好。你当然懂得比他多，不过，你懂的东西你自己做到了吗？比如“不说谎话”，我看没有几个人有资格在这方面教训孩子。

不要欺骗孩子，任何时候都不可以。不要把你在成人世界玩得得意的那些鬼把戏拿到孩子面前表演。特别不要传授攻击和报复。攻击性强的孩子长大之后成才率很低。有位母亲对同事的女儿说：“听阿姨的话，把指甲留长一些，谁碰你，你就挖他！”天啦，四五岁的孩子能知道什么是“正当防卫”？她又如何能把握反击的分寸？

你也许会怪我在这里没说清“孩子”或“儿童”是两岁还是八岁，因而认为我语焉不详，好好想想吧，别让我把你也当成孩子。

拿什么教育我们的学生?

教师问高三学生:“你准备填报什么专业?”学生说:“还没想过,反正什么专业挣钱多就报什么。”教师惊讶地问:“你怎么会有这样的‘标准’?你难道就没有什么爱好吗?”学生说:“我怎么没有爱好?我爱好钱。谁不爱好钱呢?”教师说:“除了钱,世上美好的东西很多,比如自然、生命、宇宙、品格、爱情、理想、友情等等,都是值得追求的啊。”学生说:“这些也不错,可是钱最美好。”这一说反而让教师张口结舌。

这是一位教师转述的一段师生对话。师生之间还有一番争论,那位学生似乎并非逐利之徒,很有些愤世之言。由这段师生对话说开去,老师们诉说了不少苦恼。听众都很感叹,说怎么连中学生也都盯住钱了?某次有西安女子参加选美比赛,竟然当众回答金钱比祖国重要,招致恶言詈骂。我认为那是出题人自找麻烦,出那样的题,本意大概是想听她的豪言,可是她虽然没什么理想情操及修养,却心直口快,实话实说了。弄得大家或尴尬,或愤愤然,最后又众口一词,把教育责难一通,似乎青年境界鄙俗,全是学校没教育好。

——然而,且慢,我们问一句:如果学校教育有问题,那么这个社会又给青少年提供了一些什么样的榜样呢?孩子们视野所及,能看到的是人们什么样的精神追求呢?

譬如,报刊宣传的“成功人士”,多数是大老板;体制内的歌星演唱爱国、爱党、爱军,每首歌的开价抵一所农村学校全体教师的年工资;官员辞职自谋出路,总说是去奋斗,“实现个人价值”,却几乎都是经商；出版社讲“先进文化”，眼睛总瞄准中小学生的钱包；旅行社知道“保持先进性教育活动”最后一定会安排外出参观旅游……

孩子在学校受到教育，回家盼望能和父母对话。父亲下班回来，叹息道，单位里的干部几乎全被金钱买通了；母亲说，一帮蛀虫搞垮了工厂，又低价把工厂偷偷买去了。

再看看学校的环境。不少学生从读小学就开始交“择校费”，为了能到条件好一些的学校读书，父母倾其所有，两三万元钱（甚至更多）给家庭造成的压力会让懂事的孩子黯然神伤。没有钱，就可能是另外一种待遇。钱，是多么重要！

学生看教师，也受启发。教师比从前现实多了，开始懂得捍卫自己的合法权益，知道体面地生存是对学生最好的教育。前些年有些地方长期拖欠教师工资，而教师出于对学生的爱护，一忍再忍，不敢抗议，生怕让学生知道。可是学生有自己的思维方式，他最终会得出这样的结论：教师是天下最可怜的职业，还不如那些爬上吊塔讨薪的民工。于是学生放言“我以后要找挣大钱的工作”，教师又该如何说服他呢？

当然也有例外。如有教师在自家车库开班办家教，一夕千元，口不二价，学生早有市场意识，并不以师德讥之。社会批评教师从事有偿家教，教师也有话说。教师看校长。有教师举例说：“当年我们对学生说‘要做一个爱国主义者’，校长嫌我们教育层次低。后来没等退休他就跑到老板那里帮着办私立学校去，年薪涨十几倍，而且哪儿钱多就往哪里跑，望门投止，只认钱，他的‘层次’在哪里？”

可是这样的思想偶尔从孩子们的嘴里说出来，却会变成大逆不道的事，这是多么荒唐！我们不禁哀叹：拿什么教育你呢，我的学生？

有什么样的社会风气，就会有什么样的教育。所以，当学生说出“我追求金钱”时，我们暂不必火冒三丈，触发批判的神经，而是应当先反思：我们让孩子们吸进了什么样的空气，让他们的眼睛摄进了什么样的色彩，让他们的耳朵听到了什么样的声响……

敬重诚实劳动

一个五岁的孩子问爸爸，你为什么要和那个卖西瓜的人说上好多话，你没看见他赤膊吗？你怎么和那个卖菜的打招呼？他会说粗话呀。父亲说，孩子，你要知道，他们在劳动。

有人称赞这段对话是教育的经典。我们的社会必须像那位父亲一样给少年儿童灌输劳动的意识，让他们从小就知道尊敬劳动者。这是我们教育的重要内容。

学校宿舍区的清洁工是农村来的，这样的工作，城市的下岗职工不愿意干。他的收入很低，工作太辛苦，每天天没亮就干活了，白天清扫院子，天黑了还在拖车运垃圾。居民不喊他名字，直呼“收垃圾的”，他并不介意。“收垃圾的”有文化，看了居民扔下的报纸，经常会评论时事。他对门房说，他搞不懂，怎么会有那么多人造假贩假？如，陈米翻新，蔬菜农药超标，火腿在敌敌畏中泡，死猪肉被灌制成香肠，色拉油有毒，养鸡用激素催肥，发豆芽用药水泡，而自来水龙头一放，“纯净水”就出来了，等等；其他有：城管横行霸道，医生拿红包，屠夫给牛和猪注水，学校乱收费…… “人怎么成了这个样？！过不下去也不能做这种事呀！”这位“收垃圾的”愤愤地说。

假的东西是不少，但是我们必须注意到，更多的人是在靠诚实的劳动生存，如果没有中国劳苦大众在流汗，社会公义早就崩溃了。在一些人选择巧取豪夺，一些人选择伤天害理时，更多的人选择了诚实劳动。如这位民工，他每天收的垃圾是肮脏的，但是他的每一分钱都是干净的。他每天的工作都堂堂正正，他没有休息过一天，他一小时也没有偷懒，我们的社会为什么不引导公众去注意他们？

以前，“有单位”的人才过得上“劳动节”，民工不算“有单位”，所以没有“公假”，也就无所谓劳动节。劳动节到来时，单位不但休假，工会再困难也要弄点东西来发一发。以前不过是发两张电影票，大家嫌没意思；后来发桶色拉油，大家又嫌烦；再后来就发钱了；发了钱，大家又说，再来点色拉油就好啦；后来往往是钱也发，色拉油也有。但是那些民工什么也没有，他们不能休息，因为他们工资微薄，一天不干就没工钱。我已经观察他们十几年了，他们珍惜好不容易得到的一份工作，他们的伙食很差，居住条件很少有电视记者去实地拍一下。有时他们连续每天工作十多个小时，根本没有“每周40小时工作制”的概念。因此，那些歧视他们、拖欠他们工资的人，一般而言，没有对劳动的起码认识，更没有对劳动的敬重，虽然他们也用洪亮的声音喊出过动人的口号。

把劳动，特别是体力劳动当作愚昧甚至惩罚，是一种落后的文化。现今的媒体经常大力赞许成功的商人，固然经商也是劳动，但是没有千百万人最基本的劳动，是不可能创造出财富的。同时，舆论不应也不能简单地把劳动说成是致富手段，因为劳动对人生还有很重要的意义。我插队时的朋友，很多已经退休，有的早些年就“内退”或下岗（对我们这一代人而言，好多糟糕的事都赶上了）。很多朋友怀念“上班”，并非为了钱，而是想劳动。我们这一代人从劳动中认识了社会和人生，从劳动中得到过幸福，也从艰苦的劳动中得到过解脱。如果不劳动，要我们这些人干什么呢？这并非是我们对劳动的崇拜，而是对劳动的渴望。我周围的人，绝大多数都能坚守诚实劳动的信念，在这样的劳动中，学会做人，保持人的尊严和善良。

劳动使人能够有尊严地生存，同时从劳动中，人获得知识和教养。英国哲人托马斯·卡莱尔说：“劳动就是生命；一旦工作开端得当，一个工作者从他的内心深处是会迸发出他那天赐的力量的，那种全能的上帝所输入的超凡入圣的生命精华，是难能可贵的高尚思想；从他的内心深处，他是会被引入到一切高尚之境—— 一切知识之境的，不管是‘自我知识’抑或是更多的其他。”

不管社会价值判断发生怎样的变化，我都会和那位民工一样，选择流汗。

今天的作文，明天的责任

学生在高一时，让他们做过一次有点意思的作文，题目是——“预留给儿子（或女儿）的信”。转眼两年多过去了，在毕业合影时，从他们的眼神中，我分明感到，若干年后，他们一定会把高中时代的许多故事说给子女听。

也许是前些年的教学感觉较好，我常感到现今学生的作文不大气，缺乏境界，缺乏责任感。多彩的生活，往往一到他们的笔下就变得毫无生气。他们为什么总把自己当孩子？如今的社会，患幼稚病仿佛成了时尚，一些已经很不年轻的公众人物，说起话来还故意咬住一点舌头学嗲，四十开外的女性，一开口也是“我们女孩子”。看高中生的作文，有时我甚至觉得他们缺乏人伦意识，到了十七八岁仍以装嫩发嗲耍小孩脾气为时尚，以玩乐为时尚，缺乏激情，缺少思考与批判精神。我不喜欢那些不肯长大的孩子。前些年每次参加高考阅卷后，都会有段时间情绪不太好，因为在那么多作文中竟很难读到真情实感，很难读出青年的抱负与胸襟。现在的作文教学围着高考转，不注重真情为文。十多年前经常被学生的作文感动，现在则很难享受到那种幸福。作文教学是语文教育，也是人的教育，学生应当有人伦意识，要学会自重，学会关注亲人和一切人。

三年前编一本青少年公民读物《向着太阳歌唱》，想收录一些家书，发现能找到的大多是父辈给子女的信，也有几封是临难的青年留给后人的。于是忽然想到，今天的学生，以后也要为人父母，他们自己有没有想到这一点呢？如果他们能想到成人后在回忆今天的时候有可能痛心疾首，想到将来有可能不具备教育子女的能力，也许就会改变今天的生活。如果他们现在就能够思考这个问题，也许就会有很丰富、很复杂也很激动的想象，也许就会对明天的成熟充满憧憬，会明白什么叫责任感，也许就会为今天的幼稚而感到可笑……

于是有了这样的作文。

“我的孩子，现在是2003年，当你看到这封信的时候，已经是2033年了。我终于人到中年了……”

“我的女儿，你一定是个聪明伶俐的孩子。我不想把你培养成神童，那不现实，即使可能，我也不会那么做。我只希望你能够平平安安，做个普通人，过着简单快乐的日子……”

“看了我16岁时给你写下的这封信，你也许会问：爸爸，为什么当年你也有那么多的毛病？为什么你也有那么多的牢骚？为什么你会厌学？为什么你竟然会怕作文？……”

在看这些作文时，我发现同学们都有丰富而细腻的情感世界，这些充满真情实感的作文，让我感到人性的美好。

我永远记得那次的作文讲评。选写了这个题目的八九个同学都写得很坦诚。我在看徐染枫的作文时，想到她的母亲也许把一种良好的禀赋传给了她。这个不太爱说话、有点害羞的女孩请同桌代读了作文，她的真情获得一片掌声。从同学们赞许的目光中，我读出的是“于我心有戚戚焉”。周召信很真诚，班上总有人笑话他像初中生，我在与他的接触中，感到他以后会是个对别人负责的人。当我问他是不是也要请个同学代读时，他说：“不，我自己读。”当他读到那些煞有介事的细节时，全班不时发出笑声，而读到“儿子，你要做个正直的人”时，全班同学的神情变得凝重起来……

亲爱的同学，来试着写这个题目吧。当你想到明天的责任，你也许更能珍惜今天。

高三：我们继续阅读

到潍坊出差，拜访李希贵局长。甫见面，他从桌上拿出一份复印件给我看，我很惊讶：这是南京师大附中2005届一位毕业生给语文教师的信，怎么会到了他这里？而且仅仅是10天前的事。这封信是毕业生写给原高三备课组的，我从传达室取回，老师们都看了。起草这封信的学生叫巫怀宇，落款还有另外三十多位学生的签名。学生在这封信里，怀念高三的读书时光，高度评价高三的语文阅读，还说到大学后准备继续读这些书，来信请母校的语文老师继续指导。在其他学校每天没完没了做那些“统测卷”“摸底卷”“调研卷”时，师大附中高三却在关照学生的阅读，中青年教师每周印发一组思想深刻、文字精美的文章发给学生阅读。在高三的日子里，很多学生从这样的阅读中获得了精神的升华。

读了信后，学校的老师们很感兴趣，虽然大家想的未必一样。有人认为是附中教学的实绩，借此可以缓解人们对全面推进素质教育的质疑（也许正是这个原因，这封信很快传到了山东，也传到了北京）。而原高三的教师相对比较平静，因为我们的教学一直坚持这样的追求。引起我注意的是那三十多位签名的同学，其中有些高考语文成绩并不高，但是他们认同这样的语文教学。我个人认为，由巫怀宇同学执笔的这封信的特殊价值，就在这里。

在其他学校（包括那些宣称“坚持全面素质教育”的学校）纷纷准备高考复习，扬言“抓高考要抓出血来”时，师大附中高三的语文教师一直坚持自己的追求。我们了解自己的学生，我们也清楚高考对他们意味着什么。多年来，师大附中语文组有种风气，即衡量一位教师的业务能力，并不看重他的教学检测成绩，而是看学生是否喜欢他的课，看他本人的读书修养，看他的追求。但是在世风影响下，越来越多的教师为提高学生高考成绩，完全抛弃正常的学科教学，甚至不惜牺牲学生的未来。在师大附中，我们也发现学生文学阅读质量持续下降，学生特别缺乏人文阅读的积累，这对他们的精神成长极为不利。因而高三语文组有针对性地组织学生进行人文阅读。

困难是很多的：学生缺乏阅读时间，家长对这种做法不理解，校方不表态。片面追求升学率已经把学科教学逼到了没有尊严的地步。在某些学校，高中教学几乎是由疯狂无知的家长在指挥。他们能斩钉截铁地对语文教师说："凡是与高考无关的内容，不要上！"令人感到可悲的是，有些校长和资深教师也质疑人文阅读，认为它不切实际。——这使我想到：当今学生读书少，不完全是因为应试教学，也因为他们周围缺少真正的读书人。

我在高三的同事大多是三十岁以下的青年教师，他们在学校没有什么话语权，个别家长的一封告状信就能给他们造成困扰，校方对教师也缺乏同情与理解，大家一直在艰难地教学。一年前，学校党政部门召集高三教师开会，下达班级升学指标，对高三教学做了严苛的规定，那些话语是很庸俗的。我理解校方的苦衷，但是作为教师，更应当考虑学生明天的利益。如果过分重视应试，我们培养出的不仅是低能甚至可能是"低德"的学生，那样的教学又有什么价值？如果学生在校学习，除了对付考试，连读书的基本需求也没有，那样的学校又有什么存在的必要？当今教育界不少人很喜欢把自己打扮成教育家，很善于把自己扮成学生的知心人，他们硬要说当今学生是只需一口活命水的"涸辙之鲋"，硬要说学生的主要任务就是考大学，硬要说只有考上大学才能有明天、有未来，硬要说素质教育是"明天的空气"……在他们看来，一切考虑长远利益的教育（当然也包括这类人文阅读）都是多余的。他们最希望学生能少休息，多做题，希望教师每天能加点课时出份试卷给学生做，他们并不在意应试教学会摧毁学生的学习兴趣，他们并不在意学生能否活得像个人，他们关心的只是学生高考成绩能否让学校在当地的招生排名上名列前茅。

在当今疯狂的考试竞争下，我从不敢说自己的学生在高考中占有多大的优势，这一点显然不如一些同行，他们敢于在当地标榜自己是“高考高手”“考王”，敢称自己编的教辅是“考霸”“一扫光”。当然，如果问他采用何种手段取得这样的成绩，他又会闪烁其词地说“应试也是素质教育”。学生今后是否能保有学习兴趣，是否有持续的发展，他认为无关紧要。这，也是我的同事与他们的差别。

巫怀宇等三十多位学生的来信，代表了一群有思想的学生的意见。他们在高三阶段进一步培养了对阅读的情感，懂得了生命中有比考分更珍贵的东西。他们能逐步走上精神制高点，是和这样一批爱读书的中青年教师的追求密不可分的。

寂寞者依旧寂寞

最近参加了几次专业研讨会，很多教师对即将开始的课改提出了一些疑问，这和同时由教育行政部门召集的动员会情况大不一样。领导干部做课改动员报告，从来没有见到有教师站起来质疑，哪怕报告中有概念错误，或者有无法接受的说法，也很少有人公开表示反对。而如果是专家或同行谈课改，他们就怀着一种信任，把心里的话全说出来了。我在这中间发现了不少有趣的事，也很注意听取老师们诉说的苦楚。

很奇怪。从来就是冤有头、债有主，诉告无门的事，不应当发生在知识阶层身上。这些意见本应说给教育行政部门领导听，他们却只说给同行听。我也常收到老师们的信，请我为他们呼吁，提供帮助。我认为一位教师只要稍微有点独立意识，勇敢一些，甚至直率一些，就可以解决那些问题；可是老师们却期待有人能代他们“做主”。真奇怪：为什么一些教师在学生面前为所欲为，一旦面对权力，就膝盖发软，就会失语呢？

在一次课改讲习班上，同行们问了许多高考方面的问题，他们只关心高考有无变化，对课改却没有什么兴趣。在回答了他们的问题之后，我说了一句“这课改是我们每个老师的事”，场上寂然，一些老师的目光淡淡地扫过来，我从那目光里读出的竟是同情。近年常想起夏瑜的形象，并深深地为之感到凄凉。每每想起“这大清的天下是我们大家的”，是因为一句“这课改是我们每个老师的事”不幸和牢狱里的夏瑜那句话有点相似。而当我把这个意思表达出来时，我的确发现有人怀疑我疯了。所幸的是“这课改是我们每个老师的事”并不算放肆或谋反，也不至于有使得一手好拳棒的红眼教师跳上来揍我两个嘴巴，但是我分明知道这句话可能悖时，——现在人们连什么是“教育”都不肯去想，你非要对他谈课改，是他笨，还是你蠢呢？

不在其位不谋其政。我固然觉得不必干预别人权力内的事，然而这课改怎么说也是我们的事：这是我们的课堂，这是我们的工作，这牵涉到我们的专业发展，我们不关心让谁关心？如果有人瞎指挥，要我们拿学生的前途去虚掷，我们自然不干；但是如果为了学生的未来，为了民族的未来，为了还教育的本质，为了还语文学科的尊严，为了我们的语文教学成为一件有意思的事，为了能让教师成为一种体面的职业……而开始课改，我们却逡巡不前，非要等圣人或官僚发话，非要等保险公司作保，非要等自己的三窟全都掘成，非要等钞票攒够，非要等到下个月退休……才肯说话，那么我想问：这样的语文教师又能教出什么样的“语文”来呢？

我听到无数次的提问：如果高考考不好，校长是要和我们算账的，我们怎么办？

每次回答这个问题都有些吃力。我也有一串问题想问他：你对自己的教学是否满意？你的学生是否认同你的教学？用传统教法你是不是就不在乎高考？你不用新教材，高考能不能一定考好？你的校长是不是语文学科的内行？你的校长是否上课？他敢不敢亲自带高三？……

每次同行们都愤然回答：“我怎么敢去问校长？”

问题不就出在这里吗？现在许多中学校长非但不敢带高三，甚至不敢上课；更有甚者，连加入教学谈话也困难，一说起来就关公战秦琼，笑话百出。在这种环境中，教师连说几句话也不敢吗？我觉得根子还在教师心态。按规律教学，还是按校长的意志教学，这是一个极简单的问题。这个问题不解决，教师不但失去了话语基础，也丧失了起码的职业尊严。

多年前访问北方的一所名校，校长做东宴请，有位作陪的主任看校长有说有笑，认为校长难得高兴，就说了一句：“我们×校长今儿个特别开心，就像娶媳妇儿似的。”校长收住笑，冷冷地瞄了主任一眼，主任立刻缩住脑袋，一声不吱，不敢抬头，连筷子也不敢伸，反复拨拉着面前的一盆凉菜，拨来拨去的就是挟不起来；别人敬酒的时候，主任端着杯子的手还在发抖。看着他的可怜相，我非常恨那个校长。也许他不喜欢属下在客人面前说他的任何事，也许他不想让别人认为他是个开朗的人，也许他想靠这种方法立威，等等，但是我认为，这是学校，一个校长如果没有平等待人的意识，他的学校就不会有什么发展。我同时又可怜那位主任，我奇怪他为什么要在意校长的眼神。二人年相若也，校长在教学上根本没有他内行，不就是面对个校长吗？为什么要这样自轻自贱呢？——如果一位语文教师连自己的正确意见也不敢表达，他学生的语言表达水平也不可能高到哪里去；听了他的教诲，他的学生也不会有多大的出息。

夏瑜本是一百年前的人物形象，鲁迅在写这个人物的时候，心情一定是极为沉重的。鲁迅不知道后人会发明电视，恐怕也想不到后世反映清代宫廷生活的电视连续剧会大行其道，更不会知道一些媒体让全国人民“喜闻乐见”了些什么玩意儿，偏偏“这大清的天下是我们大家的”，群众还是不懂，甚至觉得犯上。因而在我们中国，茶馆里依旧热闹非凡，精神牢狱里的寂寞者依旧寂寞。

节约是一种教养

我在一篇文章中看到一个细节。有校长参观团到一所学校去考察。也许是校长们熟知评审考察中的门道，也很想考验一下学生的反应，有个颇有心机的校长走到一间无人的教室开了灯就走，站在远处观察。从走廊路过的学生发现这间教室有灯无人，就进去把灯关上了。于是人们感慨该校学生素养好，没作假。

前一段时间有关节约的宣传力度很大，特别是各行业专家介绍的具体节约方法，对推行节约的生活方式很有好处。我拥护建立节约型社会的主张。中国人口约占世界的五分之一，而可用于生存发展的资源有限，早就不再“地大物博”，如果不厉行节约，休说“对人类有较大贡献”，很可能会成为人类的负担。

但是我认为目前需要修正节约的观念。在我们中国，往往是到出现困难时才想到要解决问题，这是一种“亡羊补牢”式的思维。就说节约的话题，尽管我国地大物博，可也禁不起尽情糟蹋，不为子孙计，早晚会坐吃山空。到了危急关头才喊勒紧裤带，那纯粹是为了生存。节约应当成为国民的素质，成为一种基本的教养。厉行节约不是因为贫穷，因贫穷而节约不过是权宜之计，只有让节约成为人的基本教养，才能持续地对社会发展起作用。

当然，现在讲节约，空间实在是太大了。且不说由于愚昧无知而虚度的岁月，仅仅计算我们生命中被人为的错误糟蹋掉的时间，就很令人伤感，现今生活中有形的物质浪费已经令人触目惊心。

我们的生活方式中有许多浪费习惯是体制病，体制型的浪费每时每刻都表现在日常生活中。说件小事。前些年，我搬进改造过的大办公室。不知道设计者出于什么考虑，竟在这间40人的大办公室中安装了328盏灯，平均每人8盏；而又因为电路开关设计得不合理，缺少提示，加之一些教师习惯不好，常有一人办公这328盏灯全开的情况。我为这328盏灯的浪费感到不安，向校方提了意见，得到的回答却是“那是节能灯”。这更令我不解：使用节能灯是为了节能，如果因为节约了能源就这样滥装灯头，和直接浪费电又有多少区别呢？由此想到，所谓节约，也可能成为一种作秀。如果卖灯具的商人能老老实实地说明这种节能灯“节能不节费”，如果照明电路的设计者能够从“既节能又节费”的角度来设计，如果施工单位宁可少算工时少收安装费，也不肯在一个办公室装这328盏灯，至于弄出这样的笑话吗？同样的貌似节约实则浪费的故事，到处都是。我把这328盏灯的事说给朋友听。朋友见多识广，说，这不算什么，有些国企的老总，一个人的办公室占一层楼，工作休息娱乐一体化，他客厅里的一盏灯的费用就足以镇倒你们那328盏灯，那才叫富豪作风！此外，又说到一饭万金的土豪，为吃满汉全席，吃了吐，吐了再吃。如果用的不是公款，谁敢这样折腾？当然，生活方式体现着人的教养，像那样的人物，能为这个社会做些什么，又能为这个社会留下什么呢？仅说公款吃喝几十年，除了糟蹋民脂民膏之外，只留下了一种东西：粗野。

节约是一种教养。还是说小事。在单位里，人们几乎习惯了使用公用信封和信纸。我有位诗人兼杂文家的忘年之交，我注意到，他从来不用公家的信封和信纸，多年间每次来信，用的都是自购的那种简易信封，信纸经常用的是书稿校样的背面。他不缺钱，这是他的习惯。另有一次，看到一位青年教师在六楼上，依次走进一间间无人的教室，关上所有的灯。那不是她的职责，她的班级也不在这层楼上，但是她说，她实在不习惯有灯无人。每想起这些事，就想到，节约的确应当是一种教养。

第二辑　你小时候是第几名?

你小时候是第几名?

最近，又得知两起中学生自杀的事件。两名学生都是因为“学习成绩名次下降”而感到“无脸见人”，其中有位学生从“重点班”被淘汰到“普通班”，这就意味着她得从重点班所在的“光辉楼”回到普通班所在的旧楼。她无法承受，于是从楼上跳了下去。

我问过一些教师：“你小时候是第几名？”“你被排名次的感觉好吗？”多数教师也对“按工作业绩排名次”持否定态度，可是这并不影响他们按成绩给学生排名次。对是否会担心发生悲剧，老师们并没去多想，因为社会需要这种“文化”：如果你不肯给学生排名次，家长会提出他“有权知道”，校长也会认为教师工作不负责。

我反对以成绩论人，反对按成绩给学生排名次。我这个态度引起过一些同行的质疑乃至攻讦。但我至今仍认为，对这一问题的态度，决定了一个人能否担当教育重任。把所谓竞争机制引入中小学教育，是民族教育落后的标志，积久有可能形成灾难。

20世纪80年代有部体育题材影片《沙鸥》，我对之一直耿耿于怀。那部电影大概是以中国女排首夺世界冠军为背景的。其中有个镜头，女排得了世界亚军，队员沙鸥在回国途中竟把获得的银牌扔进了大海，她说祖国要的是金牌。当时的那股牛气，的确振奋了全国几代愤青。后来有国际奥运人士发表意见，对扔银牌的行为甚不以为然，认为这不符合奥运精神。然而那以后每次体育健儿凯旋，下飞机时，不知是领导安排，还是出于自觉的意识，总是金牌在前，银牌次之，铜牌在后，至于没得到牌子的运动员是怎样下飞机的，无人关注。高官接见，有牌的方能近侍，没牌的靠边，或者别想露脸。这种“名次文化”深入人心，一直灌入孩童稚嫩的心灵。

现在有些学校不但把学生考试成绩名次通知家长，而且竟然在教室里把成绩名次公布出来，认为这样可以“激发学生奋进”“培养荣誉感”。然而这恰恰是教师缺乏人文教养和人道精神的表现，特别是在基础教育阶段，这种做法严重伤害了青少年的身心健康。我不止一次地听到老师们对这种做法进行辩解，但是我坚持认为，真正关心学生前途的、有理智的教师，是不会做这种事的。至于按成绩排名次对学生身心健康有哪些不利，得让置身其中的人来诉说，特别是那些名次在后的学生，他们的精神压力和内心苦痛，教师揣摩过吗？倾听过吗？教师为什么不去体验体验呢？

这种无视学生心理健康、摧残学生心灵的做法，每天都在我国的中小学里上演。在中小学生的学习中引进了竞争机制，也就很难有真正意义上的教育，也就很难谈得上所谓“育人”。“上次物理竞赛我比他少了三分，这次数学考试总算报了一箭之仇”，“期末总算杀进班级前十名，狠狠地出了一口恶气”——作为一名教师，看到学生写出的这些话，难道真的一点也不担心吗？

多年来，有一张照片不时地出现在我脑海中，那是希特勒小学毕业时的照片。20世纪80年代，创刊不久的《世界知识画报》连载“二战画史”，曾刊登过一张希特勒的小学毕业照。小学生希特勒在合影中站在最后一排，两臂交叉。照片的说明是：根据当时的惯例，拍照的座次按学习成绩安排，成绩好的学生坐在前排老师身边，成绩差的往后排，11岁的希特勒是成绩最差的学生，所以站在最后一排（大意）。我不知道成名后的希特勒是否去看过自己的同学和小学老师，但是我相信他不可能忘记自己所蒙受的这种耻辱。至于拍毕业照时只能站到后排的屈辱在他个人命运中起了什么作用，与他对人类犯下的罪行有什么关系，未必没有思考价值。

这以后，希特勒去林茨的里尔中学读书，他在那里的学习成绩也很差，而且性格孤僻古怪。有意思的是，在他的班上，有一位后来享有盛名的学生，就是维特根斯坦。这两个同学当时都没想到几十年后会发生什么事。出身于富豪家庭的维特根斯坦有教养，深得教师欢心，而“差生”希特勒一定死死地记住了维特根斯坦这个犹太学生的名字。希特勒后来为什么疯狂地对犹太人实施种族灭绝，这与他童年和少年时的经历是不是一定有关系，我们可能没有足够证据来说明，但是作为教育者，完全有可能读懂一个性格有些偏执的孩子心头的不平。

当然，希特勒少年时代过的究竟是什么样的生活，他在学校究竟还有些什么故事，流传着各种各样的说法。但可以肯定的是，在童年和少年，这样一个有点特殊的孩子没有受到良好的教育，没有得到教师的关心爱护，谁又能说他后来的所作所为与那张照片的座次无关呢?

回到我们的话题上来。从读书阶段就按学习成绩给孩子排起了名次，似乎我们真是个很重视名次的国度。排名次也许是民族的文化，讲求名次也未必有什么不好。不过，既然如此讲求名次，我们何不把问题放大一下，看看我们中国在世界的名次如何。其他领域不论，还是就教育问题说：中国的基础教育在世界上居于什么水平？中国的著名高校在世界排名如何？和发达国家相比，中国中小学学生身心素质如何？中国的教育投资比例在世界排名究竟如何？中国的教师待遇在世界排名如何？……这也是“排名”，为什么一说起来，那些主张在中小学生中展开分数竞争的教育家们就不那么振振有词了呢?

“清华、北大热”的背后

有大学生回忆中学生活，说最不能忍受的是校长和教师对考上或保送北大、清华的学生宠爱有加，脸上的笑容真是“可掬”，而对考上其他学校的学生则视若不见，好像中国只有清华、北大两所学校是大学，其他院校都不是人待的地方一样；学校如此势利，让他们很难保持对“母校”的感情。

说得好。确有其事。每年北京这两校提前到各地物色学生，各地都如奉迎钦差，不敢怠慢。我亲眼见到一些地方报纸记者如蜂似蝶地追逐“北大××省招生组组长”，崇敬如神明；也看过一些中学提前两三天悬出气球，拖下巨幅标语——“热烈欢迎清华大学招生办××教授来校指导”……

这两所世界高校排名经常在200开外的大学究竟为中国做出过哪些不得了的贡献？它们究竟给中国教育带来过什么样的辉煌？它们凭什么在中国享有这样高的地位？看不懂。

重点中学校长聚在一起，喜欢聊聊本校“考取清华几人、北大几人”，他们把这个数字当作自己的政绩，他们对学生的要求动辄就是“目标：清华、北大”，对教师动辄就发牢骚：“就这么几个人考上清华、北大，我的面子往哪里放？”——且不说“我的面子”是什么玩意儿，就说他们那所谓“精英教育”，其实是摆不上桌面的，最终不过是把学生从青少年时代起就引离正常社会，引离正常的教育环境。每每看到校长们面对面红着脖子争长短，或背靠背互相揭发与名校拉关系、通关节的手段，我就感到可笑：别看这些校长开口闭口清华、北大，当年他们自己考的是个什么样的学校，却羞于对学生说，怕学生看不起。是啊，你们主张高考决定一切，主张“考分是硬道理”，声称“名校决定人生”，那么你们是从哪里毕业的？情况是很令人尴尬的：休说北大、清华，许多校长当年连个本科学校都考不上。——也就是说，按他们对学生的评价方式，他们自己只能算是失败者。有种解释是：他们读书和考试的运气都不大好。——既然如此，为什么总要给学生定那么高的目标呢？有些校长和教师竭力动员学生考清华、北大，也就是为了自己在社会上争风头。这种作风，不知道害了多少学生！如果他们的人才观是正确的，那现在动辄“清华、北大”又有什么必要呢？

前些年，有所名校曾把年级中“学习尖子”集中起来，成立了“A层次辅导班”（原来准备叫“珠穆朗玛峰俱乐部”，后来改名了），“冲击北大、清华”，想“放卫星”。这个所谓“珠峰班”遭到很多学生和教师的反对，然而也大受该班学生及家长的欢迎。“卫星”并没放成，而由于把分散在十多个班的所谓“尖子学生”集中到一起重点辅导，原有的教学班失去了学习核心，影响了学习交流；同时由于人为地在学生中加剧竞争，学生出现了分裂；当任课教师辛辛苦苦教了两年半之后，他的学生突然被抽出去“登珠峰”，成绩有可能被写进其他教师的总结，教师关系也出现了微妙变化。更严重的是，教育观念产生了严重分歧，在同一所学校、同一个班里，平等教育的原则被破坏，这给一所名校的传统造成的伤害是难以估量的。固然有个别家长因孩子考上北大、清华而吹嘘学校教学安排“科学”，但是一所名校仅仅以家长的几封表扬信自我吹嘘，放弃公平教育的大原则，是极端错误的。

中学的高考只瞄准名校，牺牲的很可能是更多学生的利益。犹如中国体育的奥运金牌战略，相当于十多亿缺乏体育锻炼的观众关注着几百个带着一身伤病的运动员去拼搏金牌。争风头、讲名次的习气在落后的环境中特别有市场。近二三十年来，中国人往往会在一切事物中挖掘出竞争因素，进而比照中国功夫的表现形式，那就是“名列第一能打人，名列第二只能挨打”的意识，这是中国社会根深蒂固的“人上人”传统意识使然。所谓清华、北大的优越感，盖源于此乎？看每年招生结束时清华、北大喜滋滋地盘点有多少个“状元”（他们竟然认同“状元”之说），就该知道它们离哈佛、耶鲁有多远。

清华、北大有许多头脑清醒的学人，并未因社会狂热而发昏，倒是中国普通教育因了这个“清华、北大热”而受损。高中学生“非清华、北大不读”的豪言恰恰表现出对高等教育作用的一无所知，而一些校长和教师给学生灌输的“清华、北大意识”之所以令人担忧，在于使学生丧失了对学习本质的认识，高考的“成则为王败则寇”干扰了他们终身学习的意识。盲目竞争的意识必然造成学生视野狭窄，他们的行为选择也必定缺乏长远目光。

当然，已经有些学生不再把清华、北大放在眼里了，他们总算知道，清华、北大在世界大学中的排名真不算什么。清华、北大在前捕蝉，自鸣得意，哈佛、耶鲁在后罗雀，却一声不吭。有家长出书叫“哈佛女孩”，让人看不懂：明明是中国孩子，为什么刚考取哈佛，就成了“哈佛女孩”？我不敢说这是阔而变脸，因为据说这书卖了几百万册，可见望子女成“哈佛×孩”的家庭至少就有几百万，这又是得罪不起的一批群众。我的门下有些在清华、北大读过，也有的在哈佛读过，从没听家长称其为“清华×孩”“哈佛×孩”。我看自己的学生，心态也正常，不就是有个好一些的学习环境吗？毕竟还是学生，没有取得什么成就，即使取得了成就，也不至于炫耀得惊天动地呀！一个学生被哈佛大学录取，在我们中国能有那样大的影响，这是称赞我们中国的教育了不起呢，还是挖苦中国教育水平可怜？出版商的机灵、家长的名利观、宣传机器的愚蠢，全都绞在一块儿了。

我对清华、北大的辉煌是比较了解的，了解的程度与了解两校的“文革史”不相上下。可以说，两校在“文革”中所起的作用，比在现今中国教育中的影响大得多。——这样说，意思是不是清楚，我没把握。两校在那段年月为什么没能出现力挽狂澜的人物，为什么没有形成正确先进的理论学派，为什么没能展现出世界名校的时代精神，而是像里巷市井一般打成一锅粥，像村夫野老一般被各种奸佞小人利用，如是等等，令我百思不得其解。所以，我对“省、市状元”一窝蜂地涌向两校甚不以为然。当然，对向两校顶礼膜拜的中学校长和教师们也感到失望。自然，由此对中国教育的明天又添上几分忧虑。

假如真的取消高考……

我在《“不是爱风尘，又被风尘误”——反思南京教育界的一场讨论》(原载《南方周末》2004年9月16日）一文中提及对高考的看法，有读者对文中“21世纪内能不能消灭高考”一说感到难以接受。其实只要看过全文，应当能明白我的意思。我的观点是：必须让时下的这种高考模式寿终正寝，至少要改造现行的高考模式。但是让我没想到的是，一些读者对这句话特别敏感，立即痛加挞伐。其实，即使我有“消灭高考”的权力或资格，离“落实”的时间还长着呢，不是说“21世纪内”吗？2099年与我这辈人无关了。纵使我是信口开河，也只能让后世讥我无才无识、判断失误，还不至于要让同辈人气急败坏的。

然而这也引起了我的兴趣。我们不妨来做这样一个假设：假如真的取消了高考，或者说得准确一些，取消了现行的高考模式，社会将会乱成什么样？

有同行说，如果一下子就把奴隶制废除了，你让做惯了奴隶的奴隶往何处去？他将怎样生活？如果没有高考的皮鞭，校园里会乱成什么样？高考是教师的生存线，社会之所以对教师保有些许敬意，很大程度上因为教师有办法把学生送进大学。教师的工作方式、生活方式乃至思维方式，都以高考为核心，尽管大家厌烦现行的高考模式，但是吃惯了馍，让大家改吃面包，别扭。

如果取消高考，会有相当一批教师就此失业。在我所知道的一些评比考核中，很多教师的“专业发展”已经不是所任学科的教学，而变成应对该学科的高考。有位教师诉苦说，他曾连续11年教高三，后来回到高一，不会上课，非常痛苦。因为他只会讲解高考题，不会指导阅读，也不会用正常的方式指导学生作文。现今有的“名师”说话理直气壮，他们可以全然不知道“课改”“课标”，只会亮出纹了龙虎的膀子，摆开场子“狠抓死揪”，旁边围上一群喝彩的家长。——他们满足于这样的生活，他们在这样的生活中寻找快感。

有校长私下说，每年都要为高考升学率提心吊胆，平时“狠抓死揪”，考前不惜一切代价套取信息，和高校拉关系，考后忙着算分数，打听其他学校的平均分和升学率……如此周而复始。问他：如果取消现行高考，你高兴吗？校长说：那也不行；如果没有升学率，和一般学校相比也就没有任何优越感了。——他没说出来的话是：升学率是校长的政绩。有位同行说得好，高考考出的高分是什么？是爸爸妈妈向别人炫耀的资本，是班主任和任课教师的奖金，是学校的招生广告和一些教师的家教广告，是校长、局长升官的阶梯……话虽然说得有些绝对化，但也是事实。

你以为学生最渴望取消高考？恐怕也未必。许多学生已经适应了这种竞争方式。如果取消高考，和人家一较高低的机会也就此失去，会有一些学生失落到走投无路。某年高考数学试题比较容易，一些名校的学生考完后站在考场门口失声痛哭，只因为他的优势难以显出来。我看了那一幕后心冷齿寒，永远难忘。看到有学生在作文中说“这次我终于考了全班第一，出了一口恶气，报了一箭之仇”，我就觉得这种教育只能培养残忍，我无法去爱这样的学生。有一年南京取消小升初考试，本以为全民欢呼，没想到有一群家长愤怒无比，到处告状，原因是为了取得考某名校的资格，他们从小学一年级就为孩子请了家教，为了这场考试已经准备了6年……

出版社一资深编辑有孙子上小学，他因孙子作业过多而咒骂学校。但是学校不遗余力地推荐该出版社的教辅“天天练”“课课练”，为出版社赚了大钱。问他：课程改革、高考改革后没有这么多教辅书可出，你有什么想法？编辑正色道：“那不行，我们出版社肯定垮掉！”——出版社效益好，靠的就是“宰杀儿童”，否则就得喝西北风。健康学家在电视台讲营养学，说到吃荤菜，动物越小营养价值越高，最有营养的就是小鱼小虾，我听时走了神，想到了出版界流行的“要发财，吃小孩”。

我对“家教市场”所知甚少，但可以确定的是，如果取消高考，家教市场立刻会萎缩下去。如，教师某甲生性愚钝，多年不能正常教书，在家受够太太的教训。后来打入家教市场，如鱼得水，半年致富，现在转而天天在家奚落太太。如取消高考，此公又得吃二遍苦，受二茬罪。

有鉴于是，的确不能取消高考。现在让我们来喊几句口号：

坚决粉碎课改！

坚决拥护现行高考模式！

高考万岁，万万岁！

不能让学生学“作秀”

去年12月13日之前的那两天，看到一些学生张贴的倡议书，倡议市民隆重纪念南京大屠杀，在警报拉响时停止工作一分钟，全市交通停运一分钟云云。学生的民族情感我能理解。我对他们热衷发各种倡议也能理解。但是我注意到，倡议书抬头“尊敬的市长、市教育局局长和南京市民们”一行字被学生用笔画了个圈，大约是提醒观者注意这样的措辞，或者是持有异议。我看了也觉得写法不妥，那份倡议书像是送给市长和教育局长看的。学生发倡议，不是想到行动的必要性，不注意文法修辞，而只想让市长、局长及新闻单位知道，这是社会经验，未必是语文教师的教学失误。

12月13日那天早晨，学校在庄重肃穆的气氛中举行了纪念仪式，学生以少有的严肃参加了活动。可是过了一个多小时，他们做课间操时，却又一如既往地懒洋洋起来，像是集体中风一样，有气无力，没有一个动作是做到位的。在回响于南京上空那凄厉的警报声中看到如此难堪的一幕，不禁忧从中来。19世纪末，日本的小孩子玩的游戏叫作“捉定远、镇远”，后来就有了甲午之役；20世纪初，日本中小学重视严酷的精神意志教育，后来就有了“九一八”以后的14年侵华战争；现在，日本高中生的“研究性学习”，又在研讨“21世纪日中战争将在何年何地爆发”……

我问那位把手插在衣袋里“做操”的学生：“就凭你的这个态度，以后能战胜日本吗？”——有人认为我在这方面是小题大做，但我并不这么认为。我们从事的是教育，如果对此也睁一只眼闭一只眼，那是对教育的玷污。我常对学生说“要咬紧牙关向敌人学习”，也就是说，必须务实，不可作秀。如果学生在12月13日这一天也不屑激奋，也不肯励志，只想到“政治得分”，只想到制造轰动效应，那这个民族是没有什么希望的。

回到“向市长、局长发倡议”的问题上。和社会一样，我们教育界的风气也很浮躁。有所小学鼓励学生给市长写信反映问题。据说一个学生反映了一个老问题，多少年都没解决，教师提了多年，无人理睬；但是这个小学生写了一封信给市长，竟然就有批示了，你说这事怪不怪？从此市长和小市民——不好听，还是称作“小学生”为宜吧——的对话就常常成为新闻。这就是一种“秀”，对市长来说可能是“日常秀”，对小学生来说，则是“启蒙秀”。多次看到各种报纸在显著位置刊登市长给小学生的回信，而一般市民给市长写信很难得到这种公开回信的机会。

某校几位学生选了一个有趣的课题搞社会调查，调查报告中反映了一些现象，校长得知，急切地鼓励：“你们好好写，写得好我送给市长看，还可以把它送到国务院！”——中学生搞社会调查，根据的是课程计划，目的是为了接触社会，不过是尝试，要论水平，距专业调查还有很大的距离。而校长只知道事情传到国务院或得到领导人批示、表扬对他个人的升迁会有作用，至于能给教育学生带来什么，给社会带去什么，他未必会多想。如果学生的社会调查报告有价值，作为校长，首先应当想到提供给有关部门，至多想到的是区政府乃至市政府，他现在一下子就想到了要把学生的作业“送到国务院”，你说他到底在想什么？

“政绩观”占据了他们的脑袋，堵住了他们的视野。现在一些校长不是在办教育，而是拿教育作仕进之途，官场的坏作风一点点地被带进学校，给教育造成了多重灾难。一些学生不是正在学这种“样”吗？学校应当教会学生什么？校长、教师的教育使命究竟是什么？难道我们不该反一反这种弄虚作假、沽名钓誉的坏风气吗？

好多年了，想到这些就很痛苦：没有诚实教育，做什么也只能停留在嘴上，做什么也只能是表演。为什么我们的孩子能喊出挟泰山超北海的口号，却不能够为自己洗一双袜子？有教师告诉我，他的学校某个年级有50%以上的学生打了入党报告，可是教室的卫生经常无人打扫，考试作弊成风却无人举告，班上同学生病也无人看望。更不可容忍的是，一些“优秀干部”只注意和班主任、学校领导拉关系，当面一套，背后一套，只吹不做，庸俗的风气已经传染给了孩子。

孩子们还很小，就不懂得庄重与真诚，就知道要表演；在他们刚刚接触社会的时候，就怀着功利的思想，就有了游戏人生的态度，就有一种造假牟利的心态，对于我们明天的社会，这是多么可怕的事啊！

这个学生不肯签名

有位老教师来信，说起学校的一场小风波。招收飞行员的工作开始了，市里（不知道是市里哪个单位）要求“高三学生100%报名”，学校要求高三各班写决心书，男生必须100%签名。一些教师很奇怪：高三学生近视率高达80%，有些高度近视的学生也报名“表决心”，岂不等同于作秀？学校要各班班长组织签名，有个深度近视的学生不理会，走了；其他同学把他找回来，他对教师说：“我不想签。”教师问他：“签个名有什么关系呢？”他说：“我严重近视，肯定不合格；再说我并不想当飞行员。如果我签了名，那不是弄虚作假吗？而且，这签名本身就是形式主义，给谁看？如果虚假的现象我们都不去反对，如果我们该做的事都不去做，社会风气能好吗？老师，你不是最痛恨说假话吗？”

这位教师了解自己的学生，知道他的真诚。她在信中告诉我：当时听了学生的话，非常激动，真想夸他一句“好样的”，但是她说的却是“你先回家吧”，因为她担心已经签名的同学会产生误会，担心伤害他们淳朴的爱国热情。

那位高三学生很幸运，因为他的老师有清醒的思考，有宽广的胸襟。我搞不懂的是那些要求“高三学生100%报名”的大人先生想的是些什么，他们的头脑是怎样思考的，我很难想象。但是谁都知道这是一个愚蠢的决定。谁能想到，进了21世纪，竟然还有人要做这样的事。

忆当年，我也曾无数次身不由己地裹在人群中喊口号，签名，做些自己并不了解，也未必情愿的事（我甚至参加过1958年全民轰赶麻雀的愚蠢活动）。我在做那些事的时候虽然有过自己的思考，可是我只想到不能扫大家的兴，不要给老师出难题，不要给领导添麻烦，不要让同事难堪，我不想让别人对我有什么误会……我就是没有想到：这样的事违背了自己的意愿！

其实，这种“全体××热烈响应号召，积极报名参加……”大多是假话鬼话，连组织者自己也不相信。可是我们中国有这样的文化：我们大家要让一个人高兴，只要这个人高兴了，大家就可以少去许多烦恼。比如，那个主事的人把大伙儿全动员起来去签名，就是要让局里的一个人高兴，局里那个人即使知道下面学校被折腾也不会有什么不安，他要的是市里的某个领导高兴；同样，这市里的某个领导，想的是让省里的某个领导高兴……就这样，一个没有任何价值的数字出现了。它无动于衷地又给公众的社会生活注入了一分无聊甚至肮脏。

所谓“全体××热烈响应号召，积极报名参加……”，可能我们每个人都经历过。我年轻时经历过许多这样的事，印象最深的是1975年，当时公社动员知青报名上大学，——请不要误会，是“报名”，而不是“上大学”。几个有限的“工农兵学员”名额，早就被公社大队干部私分，“推荐与选拔”了自家儿女，但是“革委会”却要全体知青报名，制造气氛。那一年我不想再受这种侮辱，拒绝签名，没想到竟成了全公社300多名知青中唯一不肯报名的人。非但不肯报名，还多说了一句“要是恢复考试，我就报名考大学”。这是我“不听话史”上的一次光荣记录。那个从“土改”起就靠整人吃饭的公社副书记一直揪住我不放，把我列入“没改造好”的一类。在他看来，像我这种“变相劳改”的人是没有资格发出自己声音的；让你签个名，你竟不肯签，当然是不可饶恕的罪过。

不就是仅仅说了自己想说的话吗？值得那样大惊小怪，兴师动众？一个人为什么不能说自己想说的话？不知不觉间，有的人把奴隶主义情结当作了忠诚。仍说这个签名。他根本不想听你的个人意见，他认为你的脑袋应当像他的手那样听话，——因为他自己就像上司的手或脚一样听话。他认为有权力支配你的思想（他甚至会惊讶于你还会有自己的思想）。他在愚弄青年，愚弄社会，也在愚弄他自己。他根本不考虑那样的决定会给一位学生造成什么样的伤害。我们许多教师回顾自己的人生经历，或许会发现自己一生有意或无意地做了不少愚蠢的事，其中是不是也包括这种愚弄学生的事呢？一个青年勇敢地表示不接受这种愚弄，我们在惊诧于他的反叛之时，会向他表示敬意吗？

有一年选人民代表，学校要大家在指定的两名候选人中画圈。这两名候选人是如何产生的，他们有什么样的承诺，他们是干什么的，当然得听听介绍。可是这两位候选人是本系统的老熟人，互相客气，都对选民说自己不行，请你们选对方云云。我了解他们，他们也知道这个代表不过是某种政治待遇。我对这种选举方式不能赞同，于是再一次地投弃权票。走出会场，学生问："老师，你为什么弃权？""你怎么知道我弃权了？""你没有笔，也没有向别人借，但是你把票扔进票箱了。"——在许多年满18岁的学生选民面前，我极度矛盾。他们是我的学生，我还要给他们希望；但是社会对他们正式的愚弄可能也从这本该是最神圣的一次行使权利开始。我该如何对他们说？我只能这样，用自己的行动，告诉他：今天，你同时也有运用独立思考的权利。

他们在扫什么？

教育需要智慧，特别是品格教育，贵在潜移默化，所谓润物细无声。教育者要有春风风人、夏雨雨人般的精神风度。靠声音大，靠动作猛，难以收效，甚至适得其反；如果其中含有功利的目的，那非但无效，很可能教育者自身有接受心理素质教育的必要了。

看一则电视新闻，介绍某大学做学生思想工作。画面上干部深入食堂，和学生在一起用餐，一边吃一边谈心。我看了感到别扭。那几位干部像是赴外交盛会，西装笔挺，坐在食堂里和学生面对面吃饭，摆动着筷子说话。我为那些学生发愁：领导在和你谈心，是照样吃你的饭呢，还是出于礼貌放下筷子听他的教诲？如是我，则食之不能下咽。我不敢指望其人握发吐哺，但还是希望有话别在饭桌上说。好在这样的尴尬时刻不是很多，也许就是一天半会儿的事，摄像完了，电视报道过了，食堂可能也就平静了。

接下去画面是，学生受到教育，提高了觉悟，加强自我管理，开始劳动。镜头上有四五位大学生在宿舍区大院扫地。奇怪的是他们用大扫帚从院子四周朝中间扫，但是中间除了一张名片大小的白纸片，几乎一点垃圾也没有！不明就里的人或许会以为他们是在练习扫地的动作呢。是啊，他们在扫什么？他们为什么要对着镜头做扫地的动作？为什么他们明知地上很干净还要使劲地扫？

于是我对这所学校的工作方式产生了怀疑。当然，也许是形式主义做法扰乱了良好的工作思路，也许是个别人的政绩观破坏了工作实效，也许是记者、编导拙劣的宣传构思糟蹋了学校形象……总之，对有点社会经历的人而言，那样的报道是没有效果的。

教育工作和商业运作没有共通之处。如时下商业宣传手段无所不用其极，令人眼花缭乱，违背商业道德而遭受谴责的事件屡见不鲜，但是商家还得靠广告、表演和炒作来宣传。而教育则完全不是这么回事，一旦掺了假，玷污毁坏的则是青少年的心灵。

有学生回忆上高中时的事。说有一回，校长忽然把他喊住，说："你身上怎么有白灰？"边说边替他掸干净。学生非常奇怪：校长平时为人冷漠，架子很大，动不动板着脸训学生，今天为什么如此亲切？走远了回头看，原来这天有很多人来校参观，还有不少记者。学生说："平时校园里脏乱成那样，他根本不管；有人来参观，他就非要在我身上拍两下以示亲和。我从这件事上进一步认识了某些人的虚伪。"这位学生的判断可能有些敏感，但也从侧面提醒我们：教育应当是诚实的事业。

上面说的干部和学生在一起用餐，边吃边谈，也许本来该有个自然的气氛，如果学校领导干部经常在食堂用餐的话。可一旦成了表演，就没有任何价值了。20世纪60年代初曾提倡学校领导和师生同吃同住同学习。那时我读初中，还记得有位副校长和我们分在同一餐桌吃饭。当时是困难时期，每顿桌上只有一盆缺油的蔬菜，这位副校长亲自动手为大家分，分得很公平。他吃饭时也说几句话，像父兄一样亲切随意，从不说什么大道理，从没做过什么"思想工作"。吃完了，带着学生一道清理桌子，送还餐具。他在学生宿舍里睡上铺，午睡时学生免不了哄闹两句，他就从被子里伸出脑袋，带点哀求的语气说："你们讲话声音轻一些，好不好？"40多年过去了，我还记得他的动作神态。当年的"三同"措施未必正确，可是那朴实的管理作风给我留下了很深的印象。

回到我们说的那个扫地的镜头，我甚至认为那也算是一种"经典"，作假的经典。那几个扫地的学生也许会在若干年后，叹息着把当年的事告诉子女或学生。青年时代作过的一点点假，将会给人的心灵留下什么样的阴影啊！

吃你的馒头去吧!

有客问，当年你在“早稻田大学”的时候，挨过饿吗？这话问得实在是一点常识也没有。凡是插过队的人，都知道挨饿的滋味，而那时的农民更是长年挨饿。为了能吃饱，我们当年都愿意去出河工挑土，每天补贴一斤半大米，自己再出一斤，每天就可以吃两斤半米了。一天吃两斤半米？现在的人听了会惊叹，可是我当年可以在10分钟之内把一斤米的饭一粒不剩地一扫而光。当年极少有荤腥，烧五十多人的菜，每天只用半斤油。再说出的是死力气，每人每天得把一万斤以上的土从河底挑上河岸，一天两斤半大米也仅仅吃个八成饱。

当年站在河岸，看到挖河的农民密如蚁群，看到原始落后的挖河方式和大禹治水时代差不多，不禁抚着因重压而变形的肩膀想，中国人的民生要到哪天才能像欧美那样富足呢？——当时有这种感慨的知青很多。

和农民谈起饥饿问题时，农民说：谁让我吃得饱，我就拥护谁；谁发两个馒头给我，我就投谁的票。民间谓之“有奶便是娘”。说实话，当年听到这样的话，心头是有一阵悲哀的。我哪里知道，穷人的逻辑会成为当今一些人的“教育真理”。

想起这件事是因为最近又有人以吃馒头比喻教育。

有校长说，素质教育不过是“媚雅”，考不取大学就没戏，犹如吃馒头和读诗：吃饱了馒头才有可能读诗。这种话很能蛊惑那些对教育一无所知的人。我的看法是，从事教育的人一定要有理想，持那种消极言论的人不该来搞教育。只想到吃馒头的人，是想到不吃馒头会饿死，但是他并没有看到只吃馒头不读诗，是另外一种死法。心系馒头的人，根本不想读诗，他的内心也远不止于只想吃馒头，他下一个愿望是吃肉，终极目标是去做“人上人”。在他们的人生中，永远没有诗，没有歌唱，只有馒头。我不明白：当今之世，教育管理者的任务就是带领教师和学生吃馒头？

怎样才能判断一个人的精神追求呢？他像是个脚踏实地干活的人，像是个有人情味儿的善人，像是研究过民生、能够指点迷津的高士，可是他把世间的人一个个全认作在等嗟来之食的饿汉，认作需要一瓢水的涸辙之鲋，在诗书和馒头之间，一声吆喝，带领人们扑到了馒头上。馒头吃饱了，又面临新的选择：在蛋糕和诗书之间，当然还得吃蛋糕。如是反复，他始终坚持“馒头第一”“蛋糕第一”的原则，直到最终成为中国馒头托拉斯和蛋糕辛迪加的“成功人士”。如此看来，诗书有什么用？

教育没有了理想，没有了追求，也就变得猥琐无比。爱因斯坦曾把那种追求“实惠”的人生观斥之为“猪栏式的理想”，他说：“我确实相信：在我们的教育中，往往只是为着实用和实际的目的。过分强调单纯智育的态度，已经直接导致对伦理教育的损害。”苏霍姆林斯基说：“我一千次地确信：没有诗意的、感情的和审美的源泉，就不可能有学生全面的智力发展。”

不妨退到吃馒头的底线来谈问题。其实，即使不得不先去吃馒头，也得像个绅士那样坐得端正，神情庄重，像位农夫那样珍惜食物，享受劳动之果，而不是像个饿死鬼一样狼吞虎咽，目光贪婪。——在应试教育盛行的今天，这样的话大概是不需要加什么注释的。

校服也有故事

新学年一开始，教育新闻就多了起来：轰动的有“直指教育乱收费2000亿”，其他还有中学生自杀，小学生被父亲打死，打游戏机的学生杀死了爷爷奶奶，等等。在这种级别的新闻天地中，中小学的“不穿校服不准进学校”实在不算什么了。可是如果想到孩子进不了校门也未必能回得了家门，就得让在外上班的家长牵肠挂肚，谁知道会发生什么事?

出这种新闻的不止一个学校。南京这个地方，到了9月，天气仍很热，每天得换衣服，可是很多中学每个学生只有一套夏季校服。校方要求学生必须穿校服才能进校上课，天热多汗，学生活动多，到晚上放学回家，第一件事就是脱下衣服清洗，因为第二天又得穿。可怜老天爷晚上又不能专为学生再出一场太阳，学生第二天不得不穿上半干的衣服进校门。住校生没有条件，干脆不洗衣，就带着一身馊汗味儿进教室。据说有聪明的家长用微波炉快速烘衣服，但是有谁敢推广这种办法?

为什么要学生穿校服，这个问题争论了好多年，至今没能“统一认识”。有专家说，是为了体现平等，体现学校的精神面貌；家长说，支持学校的决定，但是希望学校不介入，让购销社会化；学校说，如果连这点小问题都不肯“统一思想”，那以后教学怎么搞? ……一般情况下，每所学校都要过分热心地为学生做两套衣服，但是学生天天活动，那些低质量的校服能穿几天? 而毕竟只有这两套衣服，免不了有周转不过来的时候，学生也会有疏忽的时候，何必与学生为难呢? 我认为，除了学校的大型活动或重要节日，不必强求学生每天穿校服。现在的学生学习负担多重呀，别再让他们为这些小事伤脑筋了。

不穿校服不准进校门，家长对此提意见，有些校长不高兴了，为什么不听学校的呀，外国都是这样呀，外国的学生都穿校服呀……校长们用公款往国外跑，看到了进步，认识有所提高，我们也为他们高兴；可是我们的绝大多数家长还没去过外国，不知道学生没有校服是可耻可怪的事，你有什么权力去指责他们落后呢？再说，也不能什么都和外国接轨。比如，“义务教育”在国外是国家有义务对孩子进行教育，非但不收学杂费还提供课间餐或午餐；可是在中国，这个词的意思是“你有义务接受教育”，自己交学费（还要自行应付“乱收费”）。外国一所学校只有一名校长，在中国，一所不大的中学，校领导吃起饭来要坐一桌（按每桌子8至12人算）；再说，按人家的校长标准，我们这里有多少校长是合格的？有鉴于此，校园里有几个学生没穿校服算得了什么大事？

不带护照，不准进出国门；不带身份证，有些场所不能去；士兵不穿军装，不准进兵营——是有规则的。如果一个学生因为某种原因没穿校服，校方就不让进门，则毫无道理。学生毕竟是学生，如果这位学生“裸奔”（最近国际上很流行）上学，校方出于风化原因拒绝他入门，尚有道理可说；如果这位学生只不过穿了父母给他买的普通服装，便被拒之门外，便被剥夺上课的权利，这就会使他困惑无比，——而学校正是传道授业解惑的场所啊！学校逼学生回家找校服穿起来，有的学生不得不骑上车跑上半小时回家（来回就一个多小时了），有的路远，要转两次车，据说有的学生回家后干脆不来了，因为快到吃午饭的时间了。而现在交通情况复杂，我们假设，万一学生因为回家拿这套学校规定必穿的校服而遭遇不测，校方能否脱得了干系？中学不是有法治教育吗？校长和同学们先讨论讨论再说吧。

不穿校服不准学生进校，于法无据。学生要遵守校规，如果违反校规，学校可以进行纪律性处分，可以“严肃处理”，但是不能不让学生进门。建议校长们头脑冷静一些，多想想。

这件事说完，又听说另一件不可思议的事。有报纸报道，有所乡镇中学一口气让每个学生买11套校服。我在这里不多说了，只想请读者朋友们猜一猜，这又是怎么回事？我相信大家见多识广，一定能知道其中的名堂。

由“推迟10分钟”说起

市教育局出于安全等因素考虑，发文通知小学冬季早晨推迟10分钟上课，这条消息引起争议，许多人的意见是：10分钟并不解决问题，何必生出一事呢？

不错，10分钟是短了些。请想一想，现在单位里开个会，说定两点开，而不拖到两点半硬是开不起来；即使到了两点半，倒茶寒暄也得要一二十分钟。会开起来也没有时间概念：领导说“我谈一点不成熟的意见”，结果比那些“成熟的意见”花去的时间还要长；如果他说“我来讲两句”，那一般也得聊一二十分钟。老祖宗留下的口头禅是“差不多一顿饭的时辰”“约摸一袋烟的功夫”，按今天的标准，这“一顿饭的时辰”一般要两个小时，而“喝杯茶”也都能喝出好长的故事来。所以，人们看恩赐给小学生的区区10分钟，就觉得特别特别可怜。

而据我所知，这10分钟对许多小学生来说，真如大赦。小学生们过的是什么日子？比干部们苦多了。他们不敢迟到，如果迟到，就得在校门口接受值班教师的讯问；即使教师仁慈不加责怪，孩子们也会感到难堪，一个迟到的有自尊的孩子要走进正在上课的教室，需要鼓足多大的勇气啊！而有了这10分钟，许多孩子就可以多咽下几口点心，就可以比较从容地上厕所，路近一些的学生则可以不去挤公交车而改步行……

可是这10分钟对成人来说真是微不足道。我们到处看到不守时的现象。在白天，你可以在街头明白什么叫游手好闲，你可以在机关的办公室弄懂什么叫慢条斯理，你可以在服务行业感悟什么是若无其事……中国社会消费水平不高，但是浪费起时间来则非常慷慨。钱钟书的《围城》中，方鸿渐要结婚，老父送给他一座钟，告诉他“每天只慢两小时”。要说可笑，也不尽然。——如今每天浪费两小时的人多着呢！早些年有部南斯拉夫电影《瓦尔特保卫萨拉热窝》，其中有位担任地下联络员的钟表匠谢德要去执行必死的任务，临行前他给店里的钟一一上好发条，那个细节令我感慨万分，终生难忘。

正是因为想到那个细节，我对随处可见的报时钟就特别注意，由此也看到我们中国人在时间上的慷慨。一些单位的报时大钟很少是准确的，有的单位的钟长年定在一个时刻，犹如狄更斯《远大前程》中那个因未婚夫逃婚而伤心欲绝的郝薇香小姐，永远地让她的钟定在九点一刻。有个县机关的办公大楼，一楼大厅模仿涉外宾馆，5个钟分别代表北京、伦敦、纽约、莫斯科、东京时间，似乎要和国际“接轨”（虽然该单位的工作与英美俄日诸国并无瓜葛），停过几次电，加上无人调整，几个钟没有一个能换算正确。某县办公大楼十多层，顶上塔楼四面各有一钟，本应都是北京时间，可是四个钟各走各的：有的是坏了，一直指在某个时间上；有的是年久走得慢了；有的是分针走，时针不走……走得乱七八糟，却又像是宾馆大堂里的伦敦纽约莫斯科东京时间。你如果在县城的不同方向看那四个钟，管保犯糊涂。

又是一年过去了，不敢多说了。对我们来说，最珍贵的就是时间啊！如果能听听孩子们是怎样珍惜那10分钟的，成人应当羞愧。

艰难的乡村教育

几年前从网上看到一张“小学教室”的照片：破旧的土屋里，几张东倒西歪的桌子，十来个衣着破旧的学生，没有电灯，老师从屋顶上扒了一个洞，装上了玻璃，算是开了个天窗……

30多年前，1974年到1976年，我在农村担任代课教师，教过“复式班”，那时的小学教室也比这张照片上的强多了。

这张用数码相机照出来的“学校”是哪个年代的？从这样的“学校”出来的学生能不能继续升入高一级学校读书？他们会有什么样的未来？他们以后将以什么样的文化水平步入社会？他们将如何与城市“重点学校”的学生“并肩走在建设社会主义祖国的大道上”？……也许有人会认为这纯属多愁善感，然而我认为任何一位有责任感、有良知的公民看到这样的差距都会叹息，更不用说我们这些当教师的人了。

我很心酸。就在那段时间，南京的一些学校重新“装备”。我所在的学校将一幢刚刚使用了9年的实验楼拆除，重造新楼。当年耗资几百万的大楼没有任何毛病，几乎所有的教师都喊可惜。如果能节省一些，把这笔钱用于改善乡村办学条件，会有多少学生从此告别那种“风波亭”式的教室啊！

去年有位青年志愿者来校应聘，他在西北某县乡村教了两年书，问他工作和生活条件如何，他说，当地对他很照顾，“比学生吃得好，面条上有一勺菜”。什么菜？“酱油烧萝卜。”我听了鼻子发酸。今天，我们许多教师在条件非常好的学校任教，千万不要忘记在穷乡僻壤的同行啊，如果我们丧失了理想，放弃了追求，我们将愧对他们。

农村教育为什么仍然这样艰难？想到这个问题，心里很苦痛。那种不把农民当国民的意识至今还顽固地存在于一些人的脑袋中，包括许多农民出身的干部和知识分子。他们一旦进城，一旦告别土地，立刻无情地向父老乡亲掠夺。我不止一次地听到官员私下里说，一些农村干部特别能挥霍，胆子特别大，在他们眼中，弱势群体的唯一选择就是忍耐。在这种观念支配下，把有限的教育经费用去维持他那个衙门的面子就天经地义了。这些年我在一些乡镇中学看到，教师责任心比较强，但是业务水平很低，完全无法胜任教学，也没有进修的机会。了解他们的月收入，就知道这里的教育无法正常发展的原因了。有些县中教师每月都得被当地政府强扣20%的工资（据说是“用于改造城市形象”）；有相当多的教师宁愿外出到城市去打工，也不愿意在乡村小学教书。乡村教师真的太苦了！

如果世界各国比赛喊“公平教育”，中国人可能会获第一，因为我们的舆论可以“一条声”地喊，不会让你听到杂音。然而偏偏在具体实施“教育公平”时，不同利益集团总会喊出不同的声音。有县中校长公开说“要满足不同层次家庭对教育的需求”（这样的话近年在许多场合都可以听到），所以“学校要往高层次发展”。他说的“高层次”，就是所谓“贵族化”。我曾在经济落后地区看到欧化风格的校舍，绿草如茵，楼群巍峨，我以为是政府重视教育，让学生不离开乡村就能接触城市现代文明，后来知道那是“政绩工程”，是为了“拉开层次”；而离这儿仅仅十里八里的学校，却破败不堪，无法见人。2005年曾有新闻，某县一条件最好的小学公开提出只招收县直机关干部子女，这足以说明，一些政府官员的政策水平和基本道德已经沦落到何等地步。我每到一个省会城市都喜欢向教育干部打听：“省级机关干部的子女一般在哪儿所学校就读？”几乎无一例外，有点门路的干部子女都集中在那少数几所重点学校，而那些学校得到的经费及其他拨款非常可观。这也就是有人要竭力维护不公平教育的重要原因。

有位教育局长在一次大会上提出了“无差别教育”，主张公平使用教育经费。他的考虑是：一个人口千万的大市，如果教育得不到均衡发展，不但不利于整体发展，还会造成一系列的社会矛盾；公平使用教育经费，缩小城乡教育差距，让每个孩子都能得到基本公平的教育，符合建立小康社会的原则。但是他的意见被否定了，对方的理论是“符合潮流，未必符合国情”。

1943年，由美国180名杰出教育家、科学家组成的一个委员会推选出10位“现代世界具有革命性贡献的伟人”，当选的包括晏阳初、杜威和爱因斯坦。1950年以后，晏阳初先后到泰国、印度、哥伦比亚、危地马拉、加纳等国继续从事平民教育和乡村建设，被誉为“国际平民教育之父”。——然而，很遗憾，不单是在当今中国社会，就是在当今教育界，在教育行政官员中，也很少有人能正确写出他的名字；即使知道的，也有不少人认为他仅仅是个理想主义者，因而在当今中国，教育不公平倾向仍然不可避免，而许多社会矛盾得到缓解的希望依然遥远。

仅仅是一份试卷

十多年前，有专家组在江苏开会，提出要到基层调研，喜讯传来，我们如久旱逢甘霖。然而专家就是专家，说话口气不容置喙，我们还没有开口，专家某公就冷冷地提醒我们："我不谈高考。"我们诚惶诚恐，说悉听尊便。某公是语文界关注的人物，据说是因为与高考命题有关联，向来是一些教师关注的对象，虽不至于24小时有全天候狗仔记者跟踪并把窃听器埋进他家的卧室和卫生间，但他的一言一行的确被语文界的"狗仔队"盯死了。某公更加持重，时时告诫众人不要妄图撬开他的嘴。无奈我们对高考命题兴趣并不大，猜题押宝一类的事，从来都是两方面互为因果，——你越是有兴趣，他那头越是故弄玄虚；他那头藏藏掖掖，这一边便要琢磨算计。你如果没兴趣，他也就没有多大价值了。

专家同志们来了，济济一堂，平易近人。但某公对我们基层同志失去了警惕，他的服装泄密了！他没想到，他面对的是一群有独立分析能力的同志。因为长期在信息不灵的社会长成，这些同志善于从蛛丝马迹中发现细微的动向。请看：专家上着灰色西装红色领带，下套石磨蓝色牛仔裤，脚上竟是一双黑色圆口布鞋！这就是说，西方的、新潮的与传统的组合仍将是本年高考语文试题的特色。当时我们很为那样一套独特的装扮感到新鲜。——你以为天下人都在捕风捉影？有些人不就是喜欢用那样的怪异扮相吸引公众眼球吗？有些人不就是喜欢用那样的做派暗示自己的追求吗？

想起这件旧事，是因为前不久和几位同行谈改造语文高考试卷的问题，又有人说肉食者谋之何必间焉，弄不好让人以为我辈有分羹之心。

此话实在是以君子之心度我等之盲肠。每一年高考结束，大家都骂高考试卷，都以为出题的人愚不可及，闭门造车，不知深浅。时下一些省区可以自主命题，这本是有效遏制疯狂的应试教学、倡导素质教育的难得契机，可是有些省区在命题时考虑的不是如何出一份科学合理的、既有利于选拔又能够引导教学的试卷，想的却是如何在全国范围体现本省区的“教育水平”，体现本省区的“文化地位”；不是从学科的本质出发，不是从教学实际出发，不考虑广大学生的实际水平，考虑的却是教育行政领导的评价。所以命题者两头受压，困难重重。

我一直不能相信，全国有一百多万中学语文教师，高中语文教师起码有五十万人，以五十万人的智慧，非得受制于那样几套试卷，仰视命题者的一声一息？这样一种态势，必然将语文学科固定在一种卑微的地位上，并不断地忍受社会的声讨。

现在试卷的命制仍以高校教师为主，从体制、安全、学科素养诸方面考虑，这样做有许多好处，但是也存在着许多问题。目前高校中文系的教师，很少会有兴趣研究中学语文教学和检测评价，他们并不了解高中生学语文的过程；同时，由于专业背景的限制，他们不一定能准确地把握全套试卷的设计，往往不得不复制旧有的形式。以作文命题为例。面对一道作文题，学生可能会有什么样的思考，本省区中等水平的学生将会写成什么样，会出现哪些类型的失误，阅卷标准的制定会不会有什么困难，对中学语文的课堂教学会产生什么样的影响，等等，他们的考虑未必能像中学教师那样全面周到。然而现今即使有个别中学教师参与命题，其意见往往也得不到应有的重视。

谁能想到一张语文高考试卷的改造会有如此之大的困难！种种矛盾，在恢复高考后的第29年，依然纠缠不清。任何对试题所做的改革尝试，往往如同首鼠两端，听到点声响，马上就缩回去；稍微想有点大动作，风声才出去，一片骂声已送过来。我们的语文学科在中学教育中为什么弄得没有地位，与自以为是的人过多、埋头苦干的人太少很有关系，也与大批中学教师抱残守缺、畏惧创新很有关系。我们等了一年又一年，仍旧没等来天亮。倒是众人拾柴，火上烧油，把事情弄得不堪收拾。那些经常靠编制教辅资料赚钱的语文教师，全国大概有三五万人，他们的过度热情，也把高考命题者逼上了绝路。为了回避社会性的猜题押题，一些省区的命题组伤透了脑筋。

当然，我们现在不得不承认，在我们中国，改造一份语文高考试卷可能的确要比研制两弹一星难，比载人航天飞船上天难，比解决几亿人吃饭难，比加入世贸难……这究竟是我们中国文化独特，还是中国教育博大精深，虽不在语文教学研究的范围以内，或许正应当是我们感兴趣的问题。

小公主自己拎着包

一位朋友从日本传来照片，他三岁的女儿上幼儿园了，入园的这一天，全家在路边送她。校车还没来，小姑娘很兴奋，瞪着大眼睛张头向路口看。所有见到这几张照片的同事都注意到：小姑娘自己背着书包，手上还提着一个大包，里面放着带往幼儿园的衣物用具。

隔了三天，从网上看到日本皇太子德仁与太子妃雅子送四岁的女儿爱子去幼儿园参加入园仪式的照片。小公主也是自己背着书包，拎着硕大的手提袋。而她的父母空着手走在一边。

怎么回事？让孩子自己拎包，大人们一个个空着手？我们一个个都感到惊讶，但随即叹服。这种教育是正常的，我们的那种万事包办是有问题的，只是我们全都习非成是了。

想起20年前的一件事。学校放假了，一位平时能说会道的高中班干部的母亲到学校帮他收拾铺盖回家，身材结实的儿子空着手大摇大摆地走在前面，他那身材瘦小的母亲吃力地背着大包袱跟在后面。儿子竟然还笑着向每一位见到的熟人打招呼，毫无羞耻之感。我看到那一幕时从心底厌恶。问他为什么不自己提行李，他的母亲急忙在一旁代他回答："他没做过，我们习惯了。"其实我早就看出，这个工人的儿子根本就没有一点劳动意识。

这类事，我们中国人早已见怪不怪了。请看中国城市的小学门口，每到上学放学，年迈的爷爷奶奶、外公外婆组成的接送大队，形成了一道怪里怪气的风景线，经常会使不明就里的人误以为出了什么事。同样，你可以看到孩子蹦蹦跳跳，老人则替他拎着书包。也难怪，中国的交通文明没达到发达国家的水平，横冲直撞的汽车、摩托车司机眼中根本就没有小孩子的安全，有哪个家长放心让孩子去面对那粗野的车流呢？再说，由于众所周知的原因，中国孩子的书包可能是世界上最重的。他们还没有形成“自己的事自己做”的观念，可做事的难度又提高了。社会不太平，家长不放心，你说这些孩子要到什么时候才敢一个人上学？

2006年4月，国内有报纸转载英国《每日明星报》消息，称威廉王子日前在桑赫斯特皇家军事学院中接受了一项“艰苦的任务”——打扫军校厕所。原来，威廉王子的弟弟哈里王子下周三将参加毕业检阅典礼，女王伊丽莎白二世和查尔斯王子都将亲临桑赫斯特皇家军事学院，观看哈里王子参加阅兵礼。报道说：“然而，‘军校新生’威廉王子的日子可就没有这么风光了，为了给弟弟和他同学的毕业典礼做准备，威廉王子和自己的同学日前却不得不打扫桑赫斯特军校的厕所！”报纸这样渲染：“在打扫厕所的工作中，威廉王子不得不卷起衣袖，戴上橡皮手套，像清洁工人一样蹲下身子，用抹布将厕所地面一点一点地擦洗干净。据悉，军校检查官员还将对威廉王子等学员负责打扫的厕所进行仔细检查，厕所内不能留下一个污点，他们打扫厕所的工作才算过关。”

看报道的那语气，看那几个“不得不”，这威廉王子打扫厕所是一件极没面子的事。可怜这威廉王子不幸生在皇家，一举一动都备受媒体关注。但是我没想到中国报纸会挖苦威廉王子打扫厕所。威廉王子在军校里能被视为普通学员有一份劳动任务，那是因为制度先进，社会文明，人与人平等，同时没有把劳动当作惩罚。凭什么这威廉王子就不可以打扫厕所呢？凭什么威廉王子打扫过的厕所别人就不能检查呢？短短的一则消息，其中包含的落后意识，充分表现出我们对劳动的态度。相比起来，中国大部分大学生倒像是王子皇孙（媒体一直公开称其为“天之骄子”），有多少中国大学生愿意义务打扫厕所并甘愿接受检查呢？

中国社会至今仍然保持着对体力劳动的轻视，非但如此，也不敬重“劳动”这样的词，中国的政治生活一度把“劳动改造”“劳动教养”当作惩罚，把从城市到农村叫作“下放”，公然地蔑视数以亿计的体力劳动者。

如果真有那么一天，那些从小自己背着书包上学的娃娃遇到从小有人侍候的小皇帝们，较量之后会出现什么样的结果，我不敢想。自己的事情自己做，肯定与法西斯主义或武士道精神无关；从小让别人侍候，也肯定不是共产主义接班人的特征。这是教育，不是政治。

论校长的教育使命

近年不断有文章谈20世纪初的北大校长蔡元培，醉翁之意，教育界同行都心照不宣。蔡元培先生把一所弥漫着封建官僚习气的学堂改造成一所充满生机、思想活跃，跟上了世界步伐的大学，而当今之世，有不少校长却是反过来干的。近年更有人把问题挑明：现行的校长任命机制阻滞了教育的发展。蔡元培留给北大的，大到办学与教育理念，小至待人接物的修养，都是一个真正教育家的形象。有一件极小的事似可说明他作为教育家的学养。民国政府委任他为北大校长，他上任第一天，乘马车到校，下车步行入校门，脱帽向列队的职员、仆役致意，因为学校是平等的地方。——仅这样一个开始，近百年来，不管是大学校长还是中学校长，很少有人自觉地去学，或者能学得像。因而蔡元培与北大仍然是个说不尽的教育话题。

现时中国教育需要大批有精神追求、有学养的校长。然而现行的教育制度和管理体制，往往使校长处在一个没有理想、缺乏精神追求的境地。大学有这方面的问题，普通中学的问题可能更加严重。

在这种背景下来谈校长的教育使命，谈校长的精神追求，实在困难。多年来，教育界的朋友们一谈到教育的前景，总是难以乐观，这中间就有很大的成分是对学校管理状况的担忧。

1. 校长的精神追求

谈校长的教育使命，不得不谈他们的精神追求。那么，作为校长，应当有什么样的精神追求和什么样的素质呢？这些都关系到学校的发展，关系到教育的发展。

作为校长，他要有坚定的人格操守，有所为，有所不为；他应当清楚自己的职责是培养人，因而他首先能捍卫职业理想，捍卫做人的尊严，并尊重他人的尊严；他敬重知识，敬重人才；他具有知识分子的气质，有思想者的禀赋……

校长必须忠诚于国家利益。这就意味着他的办学必须从国家最高利益出发，为民族的未来培养人才；就意味着他不能以一己之利损害教育大业……

校长必须忠诚于教育，他应当如殉道者那样纯洁高尚。这就意味着他得承受一般人不能承受的思想苦痛，特别是当社会的庸俗价值观侵蚀教育的时候，他能捍卫教育的尊严，至少能领导他的学校避开伤害……

校长是学校的公仆，必须时刻把教师、学生的权利放在首要位置。这就意味着他必须心无旁骛，能抵挡住一切诱惑；这就意味着他不能在任何教育行为中掺杂任何个人目的……

校长必须有无私的胸襟。这就意味着他只能从教育的目的出发，做尊重知识、敬重人才的模范；就意味着他必须有自知之明……

作为一校之长，他应当有在困难条件下坚持办学的毅力，具备在混乱环境中做出理智判断、坚持办学理念的能力。

当我讲述这些认识的时候，总有校长对此不以为然，他们最为有力的一句话便是“校长也是人”。——我对这样的托辞大不以为然。谁都不想把校长铸造为非人。一个正派的、有学问的、有理想追求的人，一个有人格魅力的人，完全应当是个有生活情趣的人，“校长也是人”不意味着他在人格操守上要向低标准看齐。

我很感慨，也很无奈，我只能直说：几十年时间，我们并没有培养出一支忠诚于国家的教育管理队伍。——此言必定开罪相当一部分人，然而事实早就令人难堪不已。“官僚化”和“老板化”早就腐蚀了这支队伍。仅以中学校长为例，不少校长很想成为教育家（他们甚至于一不留意就自称“教育家”），可是他们中一些人错把当校长作为“先一步富起来”的资格，总是很早就营造好安乐窝；而有的还没有从校长位子上退休，便窥探好后路，找挣钱的地方；一旦退下，立刻和老板联手办私立学校。——有的校长在任期间的表现，往往只能用“尸位素餐”四个字概括。有教师回忆，当年的校长总是道貌岸然地批评教师境界低，可是常常因为一个先进称号或某种好处没捞到手，就公然装病耍赖躺进医院，哼哼唧唧，百事不问，直逼得领导让步才罢休。在这种“垂范”下，一所学校的师生能有什么样的精神追求？

很多校长将精力都消耗在追求虚荣上。时下荣誉等身、光环闪烁的校长不少，但是真正有威信的却不多。校长的荣誉称号是如何得到的，教师如何评价这种现象，有没有人认识到这是一种不正常的现象，很值得思考。在一些基层学校，校长总能通过各种手段得到自己看上的荣誉称号。一些省市的特级教师和专家评选中，校长的比例很高，而这些校长往往只是象征性地上几节课，称号到手，随便找个借口就不再上课。常常听到教师们用各种方式揭内幕：选票是暗箱操作，公开课是亲信帮忙准备，学科论文是“枪手”代写的，评委也一个个全都“招呼”过了……说起这些现象，连一些教育局长也不得不摇头叹息。

没有教育的理想，缺乏精神追求，有的只是个人欲望的恶性膨胀，有的只是专制作风一天天地猖獗。在一些学校，校长根本就没有民主平等的基本意识，把“一元化领导”变为“一人化领导”，搞一言堂，搞终身制，专横跋扈，把学校变成了私家庄园，选拔干部像是雇马仔。这方面的案例太多太多。曾有位中学校长临近退休，忽然意识到自己过于霸道，疑心“人一走，茶就凉”，对秘书说：“我退休后，可能连农民工都不会理我了。”——请看，在他的眼中，社会要分三六九等，农民工只能是最底层。而他平素的确从不和民工打招呼。一个校长临退休前才有这样的认识，而且也只是“这样的认识”，我们是不是该很宽容地说一句“其言亦善”？

在一个文明进步的国度，校长应当有怎样的精神追求，应当有怎样的学养，这个问题难道不重要吗？

2. 校长不得不“不务正业”

常有校长感慨，社会风气不好，教育环境不佳，校长难当。从某种程度上说，这是事实。可是蔡元培任北大校长时，社会状况好吗？稍有历史常识的人都不该忘记，那7年时间内，发生过多少大事！张勋复辟，直皖战争，直奉战争……城头变幻大王旗，内阁像走马灯一样换来换去，外患不绝，民生凋敝，可谓地地道道的乱世。再看西南联大时期，天上还多了日寇的轰炸机……当今之世，是中国有史以来物质生产最丰富的时期，“稳定压倒一切”的安定之世，校长们怎么敢说“环境不好”呢？当今校长无须领着学生逃难，不靠民团护校，不借祠堂庙宇上课，大学、中学校长参政议政成风，朱轮华毂，襄助帷幄，也是当年的校长们没有过的“政治待遇”。但是，他们不得不用大量的精力去搞钱，不得不费尽心机去和官僚周旋，不得不忍辱含羞地同各色人等应酬。许多教师在当了校长之后，原来所担当的学科教学水平下降了，这大概是想有所作为的校长们最痛心的事。

早些年，随着干部年轻化，不少年富力强的教师担任校长，这本是好事，然而仅仅三五年时间，许多人迅速地荒废了业务，成为送往迎来的帮闲。这是一些校长自己说出的心里话。他们认为，和当校长之前相比，他的工作价值下降了、专业水平下降了，更悲惨的，是他的独立人格、个人意志和人文素养也下降了。这些校长原本都是业务骨干，有自己的教育理想，有自己的精神追求。而当了校长，立刻不务正业，把大量的精力消耗在非教育教学活动中，迅速地成为学校里可有可无的人。

一是纠缠于送往迎来，工作价值湮没在应酬之中。因为官僚体制的规则，无休止的评比、验收、检查、视察用去了校长们的大部分工作时间。有位中学校长曾扳着手指计算，一年中，他有200多天参加各级各种会议，另有50多天接待各种检查组和视察指导。由于不在学校的时间过长，偶尔一回学校，就得对一些事做决断，因此不少事判断错误，学校里许多教师他还不太认识。上级部门的许多会议，常常指明要“一把手”参加，校长不敢不去，而这些会议其实只需要职能部门参与就可以了。久而久之，校长成了“会虫”。在一些学校，师生长期见不到校长的人影。

因为校长的主要工作时间忙于应酬，学校对校长的业务能力要求也就有限。几年前曾去苏北“送教”，连续几天，地方教育部门盛情招待。我们很惊讶地发现，几乎所有的校长酒量都很大，几乎所有的校长都会打牌，几乎所有的校长都爱跳舞，但很少有校长的举止谈吐像位校长。我们当时就疑惑：这些人怎么都像是做镇长乡长的料？后来得知，的确有好几个是乡镇长出身。有些地方，任命校长由组织部门管，组织部门最了解这些校长的底细。比如，有干部公开“打招呼”：某校长是财税局长没当成，赌气到县中当校长的；某人当校长后发现捞钱比当乡长时还要容易……

由于握有招生的权力，一些校长终年游走于社会关系网中。江苏有位校长说，从到党校学习的那一段时间起，他就知道自己摆脱不了这张网了。三个月的学习，织出了一张关系网，各路神仙互通有无。招生工作涉及面广，利益多多。有经验的人都知道，招生季节，各路诸侯纷纷“交通”校长，甚至一些教育局长也不得不买校长的账，一所县中的校长在当地常常位尊公侯。如此工作状态，他还有什么精力研究教育教学？他又怎能做出正确的判断？

二是筹措钱款。如今，几乎所有公立学校的校长都成了“钱校长”。学校要发展，教师要改善待遇，经费就成了最突出的问题。目前大部分中小学教师的收入无法指望财政拨款，政府往往只“给政策”，款项则需要“自筹”。什么叫“自筹”？怎样“自筹”？外国同行大概想象不出。然而有些学校，教师收入的一半已经来源于这个“自筹”。教师待遇低，不提高待遇留不住人才，要提高待遇需要大量的钱；学校要改善办学条件，等政府按部就班地拨款，有可能失去最好的发展时机。“自筹”就是在这种背景下出现的“教育新事物”。钱是学校运行的命脉，如何搞到钱，成为校长的工作中心。

教育乱收费已成为国家落后的标志之一。教育乱收费为什么久治不愈？教育乱收费的根源是什么？很简单，就是国家的教育投入严重不足。至今仍无从见到各省市自治区准确的教育投资数字，但是客观事实是：中国人口约占世界总人口的五分之一，而教育经费仅占世界教育经费总数的百分之一；中国的教育投入距世界平均水平已望尘莫及，甚至不如低收入国家的平均水平。于是校长们就到处“找钱”，于是校长们不得不结交各种有钱人，于是各种名目的乱收费就一哄而起……

校长忙于官场应酬，忙于“自筹”，他还有多少精力研究教育？

当然，忙中必然出乱，相当一部分校长栽倒在职务上。当今学校，与钱有关的基建和招生是两大腐败源，至今没有得到有效监督。有些人当校长，三年成富翁，要什么有什么。比如，校长过问学校基建，细到工程队选择和建筑材料供应；校长亲自办招生，把一部分名额控制在手里，这些行为都严重败坏了学校的教育环境。现在的学生懂得不少书本上没有的东西。学生私下也会议论：班上某同学是权贵子弟，离普高分数线还差一百多分，也“考”进来了；某同学考分差30分，却没交三万元“择校费”，因为某领导写了条子；校长曾登门拜访某学生家长，有所请托……

“正业”之外的重负，不但使一些校长丢弃了原来的专业，也使一些人走向堕落。虽然有相当一批有理想、有作为的校长对现状感到痛苦，但是更多的则是“鸟倦飞而不知还”。

3. 校长的学养与学校的发展

校长的学养决定着他会有怎样的使命感。抗日战争期间，沿海名校大批西迁内地。从当年学子们的回忆中看到，那些曾负笈海外、学有专长的校长们带领师生在极为艰难的条件下办学，在篱笆墙里支起一块木板就办公；校长们带头开荒种地，减轻人民负担；在那样的条件下，校长们还一丝不苟地办学，不降低教育教学标准，为战后的复兴储备人才。那一时期的校长可能是20世纪最为艰难的校长，然而也是学养最为精深的校长。相比而言，今天的校长们缺乏在困难条件下办学的能力，缺乏在混乱的环境中坚持办学理念的能力，但他们却是自从有现代教育以来最善于总结经验、位子坐得最稳的校长。

我们可以看到这样一种事实：一旦教育界有了什么新理念、新思维和新目标，不用一年，马上就会有一批校长成为新闻人物，成为教育明星；而负责任地考察他的学校，除了口号，其实什么也没有。你可以发现那些“成绩”“实验”“改革”和“探索”大多是虚构的、夸张的或应景的，等你的评审团、参观团离开他学校的大门，他就松了一口气。我们中国就有这样的文化：他可以吹得特别响，他也可以什么都不做，即使你揭穿了他，他也不感到难堪，因为上行下效。一个校长的弄虚作假，似乎不像经济建设与开发失误，会给社会造成人力物力财力上的损失。——然而恰恰又错了，他造成的损失更大。我们不是经常看到青少年只说大话不肯做事吗？从哪里学来的？

一位校长敢上高三的课，敢带学生去参加高考，在学校里是很容易提高自己的声望的，但不知为什么，这条“捷径”竟无人肯走。我不止一次地听教师讲述校长们闹的业务笑话，他们闹的笑话往往都来自原来从事的学科。比如，曾有出身语文学科的校长说不全唐宋八大家，不知道“庄周梦蝶”是什么意思，不知道高校中文系有哪些专业；曾有政治学科出身的校长不知道什么是“西马”；曾有外语学科出身的校长分不清牛津剑桥……因为不再从事教学，不懂教育，所以也无法有效地管理。比如，他们总是对教师提出过高要求，他们不懂一节课和三年教学的关系，不懂课内与课外的关系，不懂教学中体现的教育精神，不懂教学法和教学艺术，所以他们总是一次次地做出错误的判断。

因为学养有限，教育观念也就经常地背离教育规律，非理性的蛮干成了学校管理的基本理念。如，有人公开主张中学教育培养精英，要求教师有培养精英的意识；一些校长为了推行应试大搞补课，口口声声说现在的教育不是作诗，而是为了“吃饱馒头”；可是另一方面，他们又不遗余力地吹嘘学校的高层次育人目标，以之为“政绩”。他们自己既非一流的校长，也非一流的教师，何以能培养出一流的学生呢？校长如果没有教育理想，会导致学生缺少高层次的追求；而校长的学养不够，学校管理中的冲突也会增多，也必然造成工作低效。

因为办学思想错误，处处便能看到校长处理问题时的混乱。有学校开家长会，家长责难“素质教育”，认为“素质教育误人子弟”，声称如果孩子考不上大学一定“找学校算账！”——很奇怪，学校领导赔着笑脸，只说“有话好商量”。这不像是在办教育，倒像是开小店铺卖衣服鞋子，赔笑脸服务，包退包换。有家长要求更换教师，理由是“我的儿子说她不行”，威胁说如果校方不答应，就把孩子转到其他学校去。竟然就有软骨校长赔着笑脸，把该教师打发到其他班级去。看来，这些校长是把教育视为商业，把学校的工作视为商业服务，否则无法解释他们哪里会有那么多的奇谈怪论和混乱的思想。

特别是在客观存在的应试教育环境下，一个校长应当有什么样的人文思考，这关系到教育的未来。对疯狂的、缺乏人道的应试教育保持缄默，已经是教育者的耻辱；而如果还要帮这种非人道的教育张目，那就连羞耻也没有了。很遗憾，相当多的校长已经成了这样的人物。

有一年在苏北见到一位白发校长，问这位老特级教师月薪几何，他摇头叹息；问他为什么不“东南飞”，他深深地又叹了口气，说：舍不得学校，舍不得老师们，舍不得校园，舍不得学生，“总之，就是舍不得，几十年啦！”那次谈话，我始终铭记在心。我常常很痛心地想到，作为搞教育的人，作为教师队伍的领头人，校长们为什么不能表现得高贵一些，或者表现得淳朴一些？

写到这里，才发现这是个很悖时的题目，而且一写必定走题，就此打住。

第三辑　青蛙，想想你当蝌蚪的时候……

做一个能正常说话的人

有家电视台录制谈话节目，主持人问一位知名中学生："高考作文说假话往往能得高分，说真话反而会不及格，如果你遇到这种情况，你怎么办？"中学生回答说："说真话不行，说假话我也不愿意，所以我只说目前允许说的真话。"——老练的回答博得全场喝彩。可是，一个学生娃娃，竟这样老于世故，却又让人心寒。

我这里丝毫没有责备青年的意思。要知道，他生活在什么样的土地上，吸入什么样的空气，就会呼出什么样的气味。中国自古以来喜欢说"树人"，换句话说，栽什么样的苗，就长出什么样的树。

幼儿园时，听老师说故事。大意是，母亲对孩子说，不要说谎，说谎的孩子胆子会变小……我成年后，特别是从教后的经历告诉我：在我们中国，说谎的孩子一开始都会赧颜，但是经常说谎，脸也就不红了；说谎的孩子一般都敢胡作非为，倒是说真话的孩子胆子小；再后来，我们不得不承认：说真话的恐惧超过了说谎的恐惧。

我懂事是在"三年困难时期"（当时叫"三年自然灾害"），现在我们知道，这个"三年困难时期"是"谎祸"。当人们饿着肚子，想着自己刚刚说过的谎话，体会可能特别深。特别是1958年那些弥天大谎。1958年"江苏农业大跃进成果展览"（地点在现在的江苏美术陈列馆），我有幸成为正式展出那天的第一名观众，因为我到得太早。讲解员们大概拿我这个小观众演练，她们像接力赛跑一样，一个展厅接一个展厅地把我传下去，从头到尾热情地讲解。其中我印象最深的是有位讲解员说了句"粮食多了堆放在哪儿呢？毛主席相当着急"。第二天是星期一，课间我把“毛主席相当着急”告诉了同学们，同学们一个个也“相当着急”。然而才过了一年，当我们饥肠辘辘，饿得头昏眼花，疑惑那些多得没处放的粮食究竟在哪里时，却又被宣传告知，是“严重的自然灾害”。没过两年，又告诉我们困难是因为老毛子逼债。再过几年，我在插队劳动期间，农民给我的“再教育”完全颠覆了主流宣传，戳穿了自欺欺人的谎言。他们告诉我，那完全是一场人祸。到了改革开放，有专家提醒：究竟是不是“自然灾害”，要自己判断，因为那几年的气象资料并不难查到。

我发现，当说真话的恐惧超过说谎的恐惧时，人们不得不选择说谎；但是当说谎有可能导致饥饿、死亡时，人们只能选择说真话。如果不是说谎话给中国人带来过沉重的灾难，我们到今天还不知道该怎么说话呢。如果不明白这是什么意思的话，只要翻一下三四十年前的报纸就清楚了。

巴金因写了《说真话》，多年来广受赞誉，我也非常敬仰。近年我开始从另一角度思考，我想说的是：晚年巴金只是一位能正常说话的人。

不敢想，是因为不准说、不能说、不敢说，从指鹿为马的时代开始，就有了能不能说真话的问题。想来西方亦然，否则不可能有“皇帝的新装”那种故事。这就是说，只要专制主义存在一天，说真话就需要勇气。多年以来，我感到悲哀的是：我们经常表扬一个人能说真话，我们经常听到称赞某人“敢说真话”，而民间也一直把“我对你说句真话”当作是对知己的优待……然而，这些话语在头脑清醒者看来，会不会成为无法理解的话？如果我们民族能把那些说真话的人称为“一个能正常说话的人”，那该是多么令人向往！

朋友常说，还是同学之间说话直率。两位同学，当年在大学为人就有距离：一个有心眼儿，胆小谨慎，从来不肯多说一句心里话；另一个快人快语，目无领导，从来不说一句假话。20多年过去，同窗重逢，

“快人”仍然是普通办事员，“谨慎”却当了局长。局长看到布衣同窗骑着自行车上下班，形容苍老，一家人还住在两室一厅里，叹息道：“你混成这样，就是没管好自己的一张嘴，对不起老婆儿女！你看你，50多岁的人了，还是想说什么就说什么，太没有涵养了。”办事员听了不高兴了，说：“你说我没管住一张嘴，可是我的嘴说的是人话，我想说什么就说什么，我恨谁我就能骂谁；依我看，你那张嘴就没说过人话，你看看你，先是想说什么不敢说，后来是不会说，现在是连想都不会想了；你见到领导说的全是假话，满脸赔笑，吹牛拍马；见到下属和老百姓，你没说过一句人话；每天汇报，说的全是废话；连你那张脸也不像人脸，看见上司赔起笑来像个太监似的，见到老百姓就虚情假意，像个戏子！”

是啊，一个人过着这种日子不感到耻辱，还有什么可说的！人怎么能把说假话当作长生之道？怎么能把假笑作为人生的表情？人怎么能把有城府和精于世故当作优点？怎么能认为人的内心世界就该等同黑暗城市的大街小巷？……

中国人往往把一点可怜的智慧全用于防范别人，这也是经济文化全面落后的原因之一。美国前总统西奥多·罗斯福曾在一次讲演中公然要求美国人不要学习中国人。一国总统竟然攻击另一个主权国家的人民没有进取心，这是令人难以想象的事。但我看了这段记载后竟然不恨这家伙，因为他说的并不错。我们的外交辞令中一向恭维外国人“勤劳勇敢伟大”，也包括对美国人说这样的话，其实心里未必那样想；可是老美不说假话，他们想什么就照直说了。如果在我们的社会，人与人能这样坦诚交流而不生芥蒂，如果人们可以这样直率地发表见解而无所顾忌，那才真的是一个和谐的社会、正常的社会。

青蛙，想想你当蝌蚪的时候……

这个题目是早些年和学生聊天时想到的。

有些同行，工作上刚刚取得一点点成绩，刚刚走上一个负责的岗位，就喜欢把别人贬得一无是处。比如，他多年在业务上无所建树，恬然自足，却热衷于“进入管理层”，一旦坐上权力交椅，就责备青年教师荒于嬉戏，不钻研业务；有的教师平时不认真备课，连教案也不写，可是一朝熬成组长、主任，就隔三差五地严查教师的教案；有人年轻时看老教师的脸色，过了四十岁，便自以为不惑，百般折腾青年教师……一所学校的风气，也常常在这些细节上显现出来。

有青年教师来信说，他上完公开课后被中老年教师的七嘴八舌弄得方寸全乱：老派夫子认为要循规蹈矩，革新派先锋认为和学生沟通还不够，少壮派代表认为提问过多，实力派专家认为用十几分钟时间读书太奢侈……他问：“六个人六种意见，我到底该听谁的？”我也是从“蝌蚪”熬过来的，深知其苦，然而也怕他从此夹紧尾巴，长不大，便说：“那你就听第七种。”“第七种是什么？”——“你的学生认同的那一种。”

如果按传统尊重每个人的意见，把每个人的意见都融入这节课，让每个人都看到青年教师的优质课中有自己的心血，这种主观愿望也许不错，但结果必定是失败的。筑舍道旁，何日可成？中国特有的社会文化习俗就是这样在阻滞、干扰着人的发展。一些同行面对青年教师，往往就忘记“弟子不必不如师”，就想不起来他们虽然稚嫩，却是才出炉的面包，忘了他们所学的东西是最新的。遗憾的是，时下教师要想在教学上有点话语权，往往得熬到五十岁开外。

为什么要这样压制青年教师？为什么总要对青年教师指手画脚，不就是因为自己年龄长、资格老吗？

在一次交流会上，有几位先生发言，谈青年教师的“存在问题”，所有的发言都认为现今青年教师业务素养差、敬业精神不够、责任心不强。听他们的发言，我觉得自己去开那个会简直像是在参与一个阴谋。我不赞同他们的判断，对青年教师那样求全责备是不厚道的。也许我的看法有片面之处，也许我不是很了解情况，但是问题明明出在教育的大环境，出在行政的上行下效，为什么总要本末倒置，拿青年教师说事呢？老家伙们做得又怎么样呢？

有时候没法说真话，真要说真话，会很难堪。比如，有专家评价特级教师的课，说有几位老教师上课有科学性的错误，实验动作不规范，没办法，已经教了那么多年书了，给个“良好”算了；要是青年教师，肯定给他个“不及格”。——我听了这番话特别地犯糊涂。这是什么逻辑？为什么对青年教师要求那么高，对资深教师反而可以降低标准？但是我很快就想通了。岂止是听课评课如此，之所以会有“世界上怕就怕认真二字”的说法，正是因为中国人做什么事都敢马马虎虎，才形成了这么个“凡事差不多”的人情社会。人与人之间，对什么人严格要求可以保证“秩序”和“稳定”呢？那就多多“关心下一代”。青年朋友，慢慢熬吧。

我不反对真正意义上的严格要求。为什么一些老教师会严于责人而疏于律己？我参加过一些评比，看过一些教师的总结。我发现有些资深教师自我评价往往有失分寸、出言轻狂、观念落后且固执己见。自信是必要的，但是话说过头就成了自大，修养方面的毛病与年龄本无太大的关系，但是年资高而不知深浅，会显得很可笑。有些教师说起自己的科研，便会说专家看了他的论文后如何赞不绝口，说起自己在某次会议上的发言，便说香港同行如何拍红巴掌，台湾同行如何击节惊叹……某省高校评论文，评完了，有教授说：坐不住，难为情；我自己五六年没写出一篇像样的文章，还要年年坐在这里当评委评别人的论文；看到青年教师的论文，有思想，有创见，外文底子好，阅读量大，我肯定写不出来，对不起，明年不敢来了。——我认为这番话有教授气度。常听老教师批评青年教师不上进，我就想，我们先得有批评的资格。

青蛙扔掉尾巴才几天，就不认识蝌蚪了，数落蝌蚪有尾不掉，而它自己鼓起双眼朝天，大有“春来我不先开口，哪个虫儿敢作声”之气概。但青蛙也不过就是青蛙。

有反思，才可能有发展

我已经在好多场合说过这段话，为了让读者知道我的立场，我愿意在这里再说一遍：我是个在教育教学上犯过许多错误的教师，因为我总试图去改变现状，所以必须付出一些代价；同时，我是个在教育教学实践中不断纠正错误的教师；因此也就有了结论，我是个合格的教师。

我认为，不断地对自己的教育教学做反思，教师才有可能逐步地提高专业素养。而要做到这一点，教师要像学生一样去学习——学习如何做教师。然而我惊讶地发现，现在不少已经成名与想成名的同行已经不大愿意说自己“走麦城”的旧事。不久前我写过一篇随笔，题目叫“青蛙，想想你当蝌蚪的时候……”，就是因为发现一些资深教师“严以律人，宽以待己”，他们已经没有发展的可能了。审视自己多年一贯的教育教学方式，发现其中落后的、消极的、违背人性的教育理念，发现不符合现代法治精神的、不利于人的发展的东西，我认为非常重要。我们需要有勇气正视自己做过的一切。

前年，出于这样的思考，我准备编一本《我的教育教学失误》，因为工作太忙，至今才起了个头。我不惮说自己在教育教学中犯过的错误，因为我就是在不断的反思中逐渐成熟起来的。回顾从教以来走过的弯路，总会想起一些遗憾的事。当年看不清摸不透的问题，随着经验的积累和理论修养的提高，算是看得比较清楚了。这样的反思要及时，不能等到几十年后，有些错误和失误，几年之后就能看出来（对一个敏感并善于思考的教师而言，有的错误甚至几个小时后就能发现）。这些失误，有些是自己的知识欠缺造成的，有些是疏于学习造成的，有的则是性格弱点造成的，——当然，也有些完全是个人的懈怠造成的。

作为教师，经常地反思教育教学中的失误，也是提高专业修养的有效途径。当教师十几年、几十年，不可能没有失误，我们也会久久地为自己犯过的错误而悔恨，因为我们的工作对象是人，而教育者所犯的错误很可能会影响学生一生的发展。教师反思自己的错误，把教训告诉同行，提醒别人少走弯路，这才是真正的教育者。而我们在这样做时，本身已经给学生做出了立德的示范。通常情况下，人记住教训的能力比吸取经验的能力略强，因此教师对自己的工作失误做准确的判断也许更具有教育的意义。

如果不做反思，教育就无法注入现代意识，教师的素养也很难再得到提高。目前教育教学工作中值得反思的问题太多，我愿意把最近的一些思考和同行们交流。

我和一些同事在不少问题上看法不一致。比如，学生晚自习时看课外书，教师“按学校规定”（不知道从什么时候实行的），需没收学生正在读的书。我认为不妥。首先，教师不是执法者，没有权力没收学生的个人财物。一本书、一本杂志也许只有几元钱，但这是学生的私人财物，即使学生违规，也不能剥夺他对这本书、这本杂志的所有权。其次，从学生个人自由看，“晚自习不准看课外书”是没有道理的，只要看课外书的学生没有妨碍别人的学习，学校就无权剥夺他阅读的权利。我说这些话，个别领导和教师可能不理解，但这类问题绝对不是小事，难道没有讨论、反思一下的必要吗？

学生偶尔会忘记带应交的作业本。有教师介绍经验，说，不管路有多远，让他回家去拿，吃了苦头，下次全班就没有人敢忘了。而那位学生的家住在南京的江北，往返花去了两个小时，他一上午没能上课。是的，很幸运，他的体力好，用了一上午回家去取作业本，没被累倒，路上也没有遇上危险和意外。但是好多年过去了，作为老教师的我对这件事仍然很不理解。我想，这件事一定给那位学生留下了深刻的记忆，至于是作为教训记取，还是作为伤痕留存，甚或被认作教师的虐待，我不知道。我认为那是一种对学生不负责任的行为。仅仅因为一份作业迟交而让学生一上午不上课，这样的教师能是什么样的教师呢？当然，这件事在他的教学生涯中或许很平常，他也许早就把这件事忘得一干二净了，——这也是有反思意识与无反思意识的区别。

又如，总有同行认为：只要学生能成才，教育教学手段即使不够科学、不合情理，学生以后也会理解的。这种观点包含的还是功利主义的意识。这与“棍棒下出孝子”其实是一回事。某地有校长介绍经验，说“抓高考要抓出血来”，很多同行喝彩，认为这是为学生的未来着想。他们却不反思：严酷的应试教学影响下的一代青年，他们在人格修养方面能否达到现代社会对公民的要求？他们能否成为负责任的、有现代意识的父母？

我总觉得，自己在教育教学方面值得反思的地方太多了。反思不会令我们难堪，只会为我们找出更多的发展空间。

这也叫“地位”？

教师的社会地位究竟该是什么标准，我真的说不上来了。有人回忆说，“文革”结束后那两年，教师地位最高，社会声誉也好。我1977年参加高考，延至次年春季入学，印象里那两年教师的“社会地位”也仅比“文革”时期略高一点。当时群众从“白衣战士红旗飘，四个轮子一把刀”的快乐追求中清醒过来了，——写到这里我得停笔，因为青年读者可能会有理解困难。刚才说的这两句顺口溜，指的是“文革”后期的“吃香”行业——依次指医生、军人、司机和卖肉的营业员。“文革”折腾够了，大家想起要“读书学习，振兴中华”，教师终于得以从“文革”的压迫下爬出来，站起来，有了用武之地，加上教育复兴时期学校教学难度也不大，所以都很“来劲”。

“文革”末期，我在农村当代课教师。我们那里，教师的地位并不低。农民没小看教师，只是教师常常欠自尊。三年困难时期粮食不够吃，中餐常常都是煮山芋，各人带去的山芋放在一锅煮。有位老教师有点“小样”，他自认为带来的山芋比较“粉”，放在大锅里一道煮被别人拿去要吃亏，于是在山芋上刻了自己的姓名。传出去后，农民讥讽说：“识两个字只有这点用！”我到那所学校工作时，山芋上刻姓名的事已过去十多年了，老乡们还在笑话他。那年月教师收入微薄，没有地位。所谓公社书记对教师说“好好干，我提拔你当营业员”，确有其事，因为当营业员总有点油水或“外快”，改行到供销社去工作的教师不少。

一晃二十多年过去，现今教师任职条件提高，但教师的地位好像又回落了。不过，因为有了越来越疯狂的应试大潮，发展契机如发财商机一般出现，广大群众急切想把子女送进大学校门，所以，目前在中国，做一个应试型的教师还是很“吃香”的。

出差在外，听一些教师摆谈辉煌成就，不禁肃然起敬。

有所高考名校，所在的镇子不算小，老师偶尔上街买点热门货或到银行办事，站在队伍中，老大妈们回头一见，纷纷不平地数落：“看，××中学的老师怎么也排队？到前面去！到前面去！”这位老师说，他们一直像姚明、杨利伟一样处处受人尊敬。有位“高考把关教师”在饭店用餐，问服务员：“这两个菜不是我点的，你们弄错了吧？”服务员笑吟吟地解释：“我们老板认出你是××中学的××老师，特别赠送的，请慢用……”

浙江有老师说，他从工作至今十几年，没买过一两茶叶；第二位说，他抽了二十年香烟，自己没买过一包；还有一位说，他连衣服都不用买，他的尺寸，学生家长一清二楚……和这类炫耀相同水平的，还有不少。江苏某市一教师说：“从初一到十五，每天中晚餐都排满了，全是学生家长请客。”“从发榜的那一天，谢师宴一直排到教师节，吃完了就送，光是真牛皮公事包——七个！”

在诸多显示地位的夸耀中，我以为最精彩的不是说白吃，不是说白拿，也不是说有人侍候。有少壮派名士故作轻描淡写地说：“要论高考成绩，我们县没有人不知道我的……在我们那里，我走路都走马路中间，没有车敢碰我；人人见了都要打招呼，车也停下来，悄悄地问：‘××老师，上哪里去？我送送你！’”

还有比这更好玩的事么？

课改需要爱读书的教师

去年我在一次培训大会上谈到教师的专业发展时，提到教师要抓紧时间多读点书。会后有位教师走上来，随意地说："麻烦你给我开个书单，我要读点书。"——如果是学生这样说话，我会告诉他话语不得体；一位教师，特别是一位语文教师问出这样的问题，则让我不知如何是好。我看她不过三十岁，就问："你最想读什么书？你感到缺什么？"她说，她也不知道缺什么，就是觉得自己不行，"因为我不怎么喜欢读书"。——谈话变得困难，也无谓，但我觉得一个人提出要读书，毕竟还有向上的意识，不能拒绝她；我想不通的是，她竟然也在做语文教师，这就让人不得不猜测她的教学状态，更难以想象她的学生会是什么样的了。实在没法沟通，只好对她说，你可能要先看些专业杂志。她问："什么专业杂志？"我说了几种语文专业杂志的名称，她点点头，说，嗯，听说过的。

我不敢想象，在优越的城市工作环境中竟会有这样的语文教师，我不知道她是如何教学的。然而同行们说，这算什么？她只要能对付高考就行了。

近年教育界最大的话题是课改，课改的"本钱"在哪里？在于教师的观念和专业水平。那么，以现在这支队伍的专业水平，能承担课改的重任吗？

老师们说到现在缺少读书的时间，也缺少读书的环境，甚至也缺少读书的需求。某校有个校长在教师大会上说："我高考成绩差，只能上师范，只好当教师；教书教不好，所以只好当校长。"他的话引起了教师的愤怒，教师认为他侮辱了他们，也侮辱了学校。一个人敢于自轻自贱，固然是个人修养的问题，但是他的话确实反映出目前教育界的某种痼疾。很多外行仍旧在领导内行，也存在着持假文凭者管理着持真文凭者的现象，我在每个地方几乎都能听到类似的故事。不学无术的人掌握教育管理大权，是教育的灾难。据我了解，许多读书多、思虑深的教师在学校往往都是受怀疑、被警惕的人物。在一个缺少学术氛围的地方，读书多、思虑深会被认作心存魏阙，学校里出了几个真正的读书人，某些人就会如坐针毡。所以听到有校长训斥教师"读什么书？把你的书教好就行了"，我一点也不以为怪。按他的逻辑，他不读书可以当校长，教师不读书也应当教好书，虽然他那个"把书教好"不过是"把高考考好"。

仍旧有相当多的教师凭着高考成名得利，对即将开始的课改充满疑虑乃至抵触情绪，这可能是因为课改有可能阻绝应试教育的轻车熟路，所有人将要站在同一起点上，面对新的矛盾和困难，开始新的探索，先前的既得利益有可能不复存在。其实，高考算什么呢？对教师而言，对付高考不需要多少智慧，但是需要我们付出全部的时间和精力。当琢磨高考成了一些教师的精神追求和生存乐趣之后，他必然会疏于读书学习。客观地说，师范教育不如早些年扎实，应试教育又让大批教师疲于奔命，落后的机制使教师缺乏主动进修的内动力，因而语文教师读书进修的状况实在不容乐观。

据说在一些学校里，语文教研组常常是令学校领导"头疼"的群体，因为相对而言，语文教师读书较多，能思考一些大问题，因而也容易发现管理工作中的失误，故而"不大好领导"。可是我认为正是这样的学校才有发展的潜力。中国不缺想做官的教师，缺的是爱读书的教师；中国不缺搞应试的教师，缺的是有思想的教师。学校能否成为名校，能否为民族培养合格的人才，除了教育方针以外，教师的学养是决定因素。一支爱读书并有独立思考意识的教师队伍，是学校不可多得的财富。如果教育行政领导把教师“听话”当作教改的优势，那简直是不可救药的愚蠢。

转变观念，教师需要启蒙。说实话，这些年每看到报刊上争说“诺贝尔奖”，我就有点烦。前几百年中国没有出过笛卡尔、孟德斯鸠、伏尔泰和卢梭，近五十年也没有出过几个伟大的思想者，没看见什么人对此痛心疾首，叫喊不迭；而对于中国足球能否打进世界杯，奥运金牌数居世界第几，GDP增长多少，总有人在你耳边聒噪。中国能不能出一批像样的对世界文明进步有影响的人物，中国的下一代能不能庄敬自强，这些沉重的话题一如既往地被留给寂寞的思想者。求仁得仁，夫复何求？但是现在大家说教改，说课改，总还算是知道落后于世界，在这种气氛下说说教师的素质，说说教师的专业发展，大概不至于会开罪同行吧。

在读书上，老师不能不如老板

近年我在一些地方和教师交流时，发现语文教师不读书的倾向越来越严重。每次做完报告，留下一点时间请老师们提问，老师们递上来的那些条子，就很能反映问题。我不是高考专家，我的报告与高考关系也不大，但是递上来的条子要求我回答的问题大部分是关于高考的。我很疑惑：难道我们的教学工作除了高考就没有其他可谈的了吗？特别是在教育行政部门主办的骨干教师培训进修班里，按年龄，这些骨干教师都是各地的教学中坚，可是除了谈高考，他们没有其他兴趣。我们应当看到应试教育的泛滥对教师专业发展形成的阻隔。

看到几则没公开发表的中学教师读书的信息，这些调查数据虽然不是很精确，但是有价值。一是某校教师个人年均购书金额不到15元，而该校教师收入年均3万元以上。另一条是关于“教育硕士”的阅读情况，这些硕士除了教师指定的几本书，一本也没多读，但是全拿到了文凭。

教师不读书，或如此功利地读书，教育能有什么希望？

教育界以外的人士和教育界内部的外行总把高考看成中学教育的“高精尖”，一些教师也自认为能“带高考”是一种地位、一种信任的象征（不少地方有专门的“把关教师”，只教高三），这些都是极无见识的。这种错误认识导致相当一部分教师（特别是青年教师）放弃专业发展的机会，把高考评价作为主要的工作追求。——问题恰恰出在这里。对教师而言，高考其实是一种低水平的测试，它的测试对象是全国范围内的七八百万人，它所要求的知识能力水平并不高，但是因为知识面广，角度不一，所以颇有难度，迫使学生耗去全部的时间，而这件事并不需要教师的多少智慧。

课程改革需要中小学教师具备更高的综合文化知识，需要有一定的教育教学研究能力。如果教师本身并不具备这种能力，他怎么可能培养学生创新呢？目前的中学课改，选修课教学任务比必修课更重，一般学校需要教师能开设多门选修课。随着教育的进步，随着教育管理的规范化，今后对教师的学养会有更高的要求，教师有一定的学术背景，才能获得新的发展。而时下教师队伍的状况，不能适应改革需要。

多年前，我曾和理科教师探讨，在理科教学领域，如何看待学生解题能力超过教师的现象。有教师说，这个不能作为评价指标；学生仅仅成为解题能手，并不是教学的成功；只有学生在实践中能提出有价值的问题，才是实质的进步；而要教会学生具备发现问题的能力，对教师的要求极高。在文科学习中，出现了另一种现象：教师阅读面不如学生，教师的文章不如学生写得好。青出于蓝，这是不错的，但是如果在中学阶段，教师在阅读的质和量上已经不如学生，未免滥竽。某年有所中学调查教师文学阅读情况，在图书馆查借阅记录，发现体育教师读文学书的平均数超过文科教师，居全校第一。这中间固然有其特殊原因，但是一些语文教师不读文学作品只看电视连续剧，由来已久（一些教师坦率地说，除了教材，自己从来不看小说散文，不读诗词）。

教师同行说起外国教师的待遇，经常发怨言，认为国内教师劳动强度大、收入低。我想他们可能不了解外国教师的专业素养。且不说人家的文凭真刀真枪地读出来不容易，就说一人能教授多门学科，便足令中国同行望尘莫及。那些教师入迷似的跨学科广泛阅读，也被我们的一些同行看成“吃饱了撑的”。——其实，差距就在这里。有位中国学生在美国读博士，听一位教授聊莎士比亚戏剧，长达两节课，学生听得如痴如醉，而这位教授是化学系的。十多年前，我到汉城访问，雇来替我们开车的是某校食堂的老板，车一到地方，他就捧着厚厚的一本大学《哲学》认真地看，问他为什么要看这本书，他说没什么，喜欢而已。我们的教师，有多少人能有这个小老板的兴致？人家的小老板也这样爱读书，我们这里的教师却不愿读书。发展下去，会有什么样的结果呢？

如此教师，如此校长

从报纸上得知，南宁某所重点中学的一名班主任做了一件奇事：让班上前22名的学生和家长到“钻石海岸海鲜大酒店”的“总统包厢”开“学生家长交流会”，每人交一百元餐费。无独有偶，也就在那两天，南京也有奇闻。有所学校的高考“完成了指标”，电视台采访，学校介绍成功经验，说，学校对模拟考试成绩好的学生三餐免费，食堂还把饭送到教室让他们吃，不要他们去食堂排队。更令人匪夷所思的是，这条新闻是作为正面报道出现的。

得知这两条新闻，不知说什么是好。我想不出用什么样的语言来评价这样的教师和学校。我只觉得有点肮脏。我想象不出这样的班主任和这样的学校还会创造出什么样的“奇迹”。这类教育怪现象过去一般出现在闭塞落后的乡镇中小学，现在攻进都市了。

我们中国的教育总是有许多令常人叹为观止的奇思异想。上面两则消息所介绍的教师与学校的“教育创意”，尽管还没有摆脱掉一个俗不可耐的“吃”字，但已经成功地在学生中分出了等级。那些可以进“总统包厢”吃饭的学生虽然得自己掏钱，但是他们已经获得了某种优越感，——当然如果下次考试他跌出前22名，就得站在饭店门外干瞪眼。至于那些有食堂炊事员侍候着把饭送到教室的学生，虽然以后未必有名厨仆役侍候着把饭送到卧室或办公室，但是“只要考分高就能做大爷”的意识，将会被他们铭记在心中并传之子孙。

几年前，有所名校忽发奇想，把年级前50名的学生集中起来辅导，任务是“冲击清华、北大”。学校并没有提供“免费吃饭，送饭到班”

之类的特殊优待，只不过请优秀教师给这个班加强辅导，也就是俗话说的“开小灶”。即使这样，还是遭到一些教师的强烈反对，认为这样做是在学生之间制造不公平，有辱名校校风。一位学生在作文中说，自从有了这种高人一等的班级，学生就分化了，他对学校教育产生了怀疑。他不但对文科教科书上的煌煌巨论产生了怀疑，也因此怀疑学校和教师。他认为校长在升旗时慷慨激昂的演讲其实很虚伪，他认为一些教师对成绩好的学生倍加关照，对他这个学习成绩一般的学生爱理不理是“缺师德”，他认为在学生群体中，这个特殊的班一出现，平等的原则便不复存在，名校的牌子就被砸了……

我认为这位学生即使如他所说“成绩一般”，但是见识不凡，比一些教师和校长的水平高多了，也比一些局长甚至教授还要有见识。他很单纯，也很执着，他认真地把学校和教师根据教科书教给他的东西对照，来衡量学校和教师：你教育我平等待人，然而你对我们却并不平等；你教育我们要尊重每一个人，然而你并不尊重我们每一个人；你教育我们要有高尚的品格，但是你只在意学生的考分……因而学校是不合格的学校，你们是不合格的教师。我的几位学生在谈到国外留学的感受时曾感慨地说，相对于在国内从小学到大学的读书经历，他们在国外受到的歧视和伤害是轻微的。

难道我们可以漠视应试教育带来的恶果吗？如果教育伤害了人的尊严，如果教育背弃了平等的原则，可能比没有教育还要坏。

谜底

20多年前观摩一次公开课，至今印象殊深，挥之不去。然而在弄虚作假已经成了常态的今天，当年所受的震悚未免显得大惊小怪了。

记得那次听的是周立波的《分马》，两课时，一女教师组织教学颇有自信，果断麻利，我自叹不如。当年我上课把握时间不够准，如果学生准备得不充分，上课的节奏就慢；有时会用较多的时间等待学生思考，有时尽可能多让一些学生参与对话，而且我和学生的讨论经常没有满意的结果，经常会有些任务被挤到下节课。但是这位女教师聪明果断，学生刚刚说了三五句话，她就能判断出学生的回答有无价值，及时换另一个学生。第一堂课她上得很紧凑，老师们听得也很专注，忽然她说了一句“这节课就上到这里”，——说时迟那时快，铃声大作。——我奇怪了：这个阶梯教室没有电子钟，教师手上没戴表，桌上也没有表，那时候还比较落后，学校也没有“遥控器”那样的东西，她是怎样把时间掌握得那样好的呢？第二节课也如第一节课那样紧凑，差不多到了时间，她说：“现在我们布置家庭作业：一、……二、……”刚刚说完，“叮——”，铃声又响了。我对坐在身边的市教研室负责人说：“这位老师掌握时间的本事绝了。”那位老教师感慨地说：“别小瞧这些基层学校的老师，不容易啊，都有些绝活的。”事后这所学校的朋友问我听课印象。我说，课上得一般化，唯一印象深的是她掌握时间的本事，令人佩服；我的课临结束，不是得少说几句话，就是没话说了让学生读读书，没有像她那样分秒不差的。朋友淡淡一笑，说：“我们年级一共7个班，10天之内，那6个班的‘马’已经被她‘分’掉了。”我恍然大悟。——如果教两个班语文，三年一个小循环，“分”6次“马”要9年时间。在短短10天时间把一篇课文上7遍，这在我看来是极无必要也极无趣的事，可是这种方法帮助那位女教师顺利地上完了课。可是她的学生呢，他们究竟从那节课上得到了什么？当年不知内情的教师，也许至今还在为自己无法精准地掌握上课时间而自愧不如呢。

许多年过去了，我仍旧没能准确把握上课时间，即使是示范课，也常常完不成预定计划，会留点内容放到下一节课（有时开课还得先把上节课没讲完的内容收尾）。我觉得，这是学生的语文课，我首先要对学生负责，没有必要过多地考虑来听课的教师。

前些天听到几位教师议论，说某校组织了模范事迹报告团在一些地方做报告，配合先进性教育，所到之处，鼓乐齐鸣，领导捧场。报告先进事迹里有一个“最为动人的事例”，说有位教师为了把一节公开课上得圆满，不惮辛苦，一遍一遍地练习，“全年级共10个班，她一直练了9个班，最后在第10个班开了公开课，获得了成功！”——我简直不敢相信确有其事。那位教师因此受了表扬，也就是说，那种做法现在被认可了。躬逢其盛的一位教师说，当时不少人惊诧莫名，恍若隔世。

记得有一次听完课后我和讲课教师聊了几句话，那位教师诚恳地对我说，他教两个班，这篇课文已经在另一个班上过了，自认为不太成功；这节课改造了一下，效果反而还不如上一节课。下次再教这篇课文，得等三年后了，很遗憾。我听了很感动。一辈子教语文，一辈子学教语文，这就是一位诚实的教师的感慨。我于是不想说什么了。我相信绝大多数教师能以平常心对待这样的公开课。公开课的一些弊端，已有许多同行狠批猛斗，我在这里不想多谈。

有位曾在一位名师门下读过小学的学生回忆，当年听名师的课，每当她提出一个问题，全班同学都会举手，——我知道那位名师的声望，一直有人评论，说她的课上学生参与性极强。那位长成了大人的小学生说，当年老师交代过：不管能否回答，都要举手；但是举手的方式有讲究，——会回答的，就正常举手；如果不会回答，也得举手，不过，要把大拇指别在掌心……

几十年过去了，谜底揭开了。

世上没有比在几十个学生面前作假更不合算的事了，那一双双眼睛会拍下你的假笑，把这个印象一直带到你无法估计的久远年代。然而更糟糕的是，当年的孩子没有受到诚实的教育，他们甚至有可能把这种机巧运用到自己的生活中，从而给人生带来痛苦和不幸。

学校，你在教学生诚信吗?

我们的社会诚信度并不高，这在今天也许不必再做什么争辩了。在任何一个社会，学校理应是社会道德的最后堡垒，那么，在这个堡垒中，学生能看到诚信吗?

有所“高考名校”举办“素质教育研讨会”，几位高考名师阐述“考试是素质教育的具体体现”和“没有高考就没有素质教育”等代表性的观点，谈了不少瞒天过海、移花接木的经验，振振有词，天花乱坠。——我们已有这样的经验，即，“典型”们所说的和所做的未必是一回事，如果不小心信以为真，那就非上当不可。况且和现今许多经验介绍大会一样：说的人未必理直气壮，听的人绝对心不在焉。谁都知道介绍的经验不一定是真的，而如果当面戳穿它，也很无谓，大家的面子都不好看。我们中国的文化，往往就这样富有秘不能宣的内涵。

但是任何地方既有老于世故的滑头权威，也有不谙世事的单纯青年。会议上就有那么几位不识相的少壮猛人，越听越疑惑：这所学校每周真的只用五天半上课，高考分数就能有那么高?他们的作业负担真的轻到了每天下午都能看到高三学生在操场上打篮球、踢足球?他们每学期的“艺术节”“科技节”“体育节”真的如图片展示的那样丰富多彩?

有教师提出想看看该校的课表和晚自习作息时间表，该校领导直到会议结束也没能拿出来。其实也无须拿出：你们来参观的人心知肚明，为什么还要问呢?这里的师生每个月休息一天（甚至一个月只休息半天），这里的学生都记得自己的考试排名，这里的学生分数考差了是没脸去食堂吃饭的……

学校办成了这种样子而校长不但不脸红，甚至敢自贴“素质教育”的标签，足以证明当今教育界之混乱，足以证明社会上仍然有相当一些人信奉“不说假话办不成大事”。

如今我最怕看的电视新闻之一，是记者在学校采访中小学生，那些孩子奶声奶气地说大话、套话、假话，说老师教好的谎话，脸不红心不跳。多年来，我已经能以一种宽容理解那些不说真话的新闻工作者，但是我无法容忍他们导演孩子说假话，因为那和杀人是一样残忍的。让一个孩子从小就学会欺骗，是极大的罪过。

然而又不能归罪于新闻记者。孩子说假话，学校有责任。

学生在当今学校接触到的最具杀伤力的“教育”是不讲诚信。比如，他考试夹带，东张西望，不大不小地来了一次作弊，教师和班主任找他谈话，学生处通报批评，甚至给他个严厉处分。各色人等纷纷拿他小小的一次作弊大做文章，往上说到违法乱纪，早晚乱国，往下至少也要说到无视校纪校规，道德意识差。有的学生作弊一次，在校三年都抬不起头来。然而如果他能“想得开”的话，就会不以为意：放眼当今之世，有几人不作假？如果他还知道关心学校，甚至会发现自己的作弊实在不值一提：当今一些名校，哪一年、哪一次评比检查验收不弄虚作假？

教师上公开课，也作假。平时，男教师上课很随便，从来不穿西装打领带，女教师也是素面朝天，可上公开课那天个个神采奕奕，油头粉面；平时对学生的态度一个比一个凶，可是到了上公开课的那一天，都变得像亲哥亲姐似的。曾有个经历过公开课的小学二年级孩子在我的办公室里，仰着头，带着无限的憧憬说：“我们老师要是天天都这样和气，那多好啊！”

校长平时满世界飞，游走官场，偶尔才在学校露个面；可是逢到现场会，逢到记者采访，逢到上司视察，他总会谦恭有礼地出现在校园里，有时会拉住学生替他整理一下衣服（其实那位学生衣着很整洁），有时还会在地上拾起一小片树叶放进垃圾箱（其实这片树叶恰恰装点了秋色），没有别的，只是因为上司的目光和摄像机镜头对准了他……

现在，不少学校做点什么事，都喜欢联络媒体，搞出点动静来，如果无人围观，就觉得寂寞。商界的风习，已经越来越多地传染给了社会，传染给了教育，——当然，这也与教育界自身的追求不无关系。里应外合，学校也就不大像学校了。

这一切的一切，我们的学生全看在眼里，铭记在心上。或者鄙夷，或者学样。当一个学生对这一切熟视无睹、习以为常时，对他的任何教育都已经很难起作用了。

一个缺乏诚信的社会把诚信作为对青少年最重要的道德要求，这或许就是中国教育最可怕的盲点，也可能酿成最大的悲剧，——既是对社会的，也是对个人的。

既动口，也动手

我们中国，肯认真做点事的人其实并不多；炒作，开骂，押宝，用人血馒头祭自家店铺开张，则比比皆是。如今生产不如经商，经商不如玩空手道；装神弄鬼，各有各的招数。精英的汗血，每每耗灭在庸人的唾沫之中，所谓“我搞不过你，我烦死你、拖死你，直到你不得不认真地看我一眼”。——这是屡战屡胜的泼皮牛二战术。

“庖人虽不治庖，尸祝不越樽俎而代之矣。”意思是即使厨人手艺不好，别人也不必置喙，动起取而代之的念头。但是即使先贤如此训诲，中国厨师也没能保住原有的社会地位。好像以中国社会的忠恕之道，食客百般挑剔，厨师也只能缄口不言，不能赌气辩解说“你来做一盘试试看”。鲁迅也这么认为。我对这样的观点有所保留。我想，即使那位厨师有修养，也不至于一定要听凭外行挑剔诋毁，把脸送过去给他打。我认为要心平气和地说清前提：我这盘菜并不是为你做的，更不是我强行把它塞进你嘴里的；你胃口特别，想吃点什么可以自己做。如果这位食客无理取闹，百般纠缠，拦住厨师的去路硬要“做思想工作”，厨师说“那么你来做一盘试试看”，我认为也是合情理的，——既然我已经一无是处了，你比我高明，何妨为我示范一下呢？下面就轮到食客面临难题了：做，还是不做？

我在这里说的不是尸祝与庖人的关系，而是庖人与庖人的关系。同行不是冤家，你说我不行，我不赌气，我让贤，——这样很好。

批评语文高考命题的文章很多，我自己也写过几篇。有些文章批评命题，把一份语文试卷挖苦得一无是处，几乎闹到人身攻击。我虽经历

“文革”，但看到那汹涌的攻击波也很害怕，生怕命题组的同志不小心闲逛到这儿，立马被割而啖之。虽然命题专家有资格说“你来做一盘让我吃吃看”，可是谅他也不敢说。然而我的担心是不必要的。在我们中国，骂媚俗不一定表示自己不长于抛飞眼，斥责别人贪婪更非宣示自己不占便宜。也如中国人包括笨蛋都有权骂别人是笨蛋。比如，有些同行骂高考黑暗，可是没有高考他连到哪里找饭吃都没辙；即使私下告诉他首阳蕨是绿色食品，多食无妨，他也不肯喊上一句“义不食周粟”。他们总还要以自己学生优异的高考成绩申报职称和荣誉称号，他们也承认能“吃香的喝辣的”的资本，就是靠高考；他们比谁都重视高考试卷，他们骂高考命题仅仅是因为此番他们的学生没考出高分而已。当然，他们也骂教育专家，但是当着面，他们又要做出仰望崇山峻岭的样子……

问题在于，如果命题专家让贤，说：我们累了，我们智穷了，你来试试。则将如何？

好的，这正是语文高考命题有可能改革成功的契机！我的主张是，我们不能光说不做，应当放出眼光，贡献出我们的智慧来！我之所以向同行力荐“语文之星夏令营测试卷”，是因为看到那种思路可以给同行们以极大的启发，百万语文教师之中只要有百分之一的人开始思考，局面就可能改观。

退一步想，改革命题不是件容易的事。大家可以通过实践一尝甘苦，借此提高。我的同事曾对我说：“你出的现代文阅读题我做不出来，我出的现代文阅读题你也做不出来，信不信？”我信。他又说：“我去年出的现代文阅读题，今年自己就做不出来了，你信不信？”我想了想，信。他笑着说：“我上个星期出的阅读题，答案找不到了，这会儿做起来竟很困难，你信不信？”我想了想，也有可能。于是我对一位高考命题专家说：“你们这几年出的现代文阅读题我做起来有点吃力。但是如果我出一道现代文阅读，你可能做不出来，信不信？”命题专家不生气，说：“那是肯定的。”我愚钝不化，枯想无解。又是十年过去了，终于有些既动口也动手的教师提出了他们改革现代文阅读的命题设计，我深受启发，看到了希望。

每想到柔石对鲁迅说的“只要做起来！”就有一种感奋。现在有些事让人看不明白。比如课改，教师等着专家示范，专家等着教师实践，彼此依赖，徒耗时日。语文教学改革大讨论过去了七八年，至今莫衷一是，不管谁提出方案，等待他的常常是一片骂声。有的指责标准定高了，有的则数落定低了，有的大谈城乡差别，有的论说南北流派，有的在欧美之间权衡，有的在古今之间比较……但是大家都只动口不动手。每个人都认为真理在握，争风头也争发明权，就是不看中国和世界的差距，就是不看看留给中国改革发展的时间还剩多少。

只肯做批评家，不愿意去身体力行，不就是因为怕失败吗？请同行不要认为我说话刻薄：我们的语文教学已经成了现在这个样子，还有什么可失败的？

做名士，还是做教师？

说起教育界风流名士故事，人们往往津津乐道，好像那个时代的知识分子有点才学，就一定会有点脾气，不拘于行甚或放荡不羁。比如说教授某甲如何目中无人，上课边嚼胡萝卜边说鲁迅；说教授老乙无酒不开口，不醉不讲课，如何喝下半斤老白干满嘴酒气地去吟宋词；说教授丙公在秦淮河吃花酒，醉到家中，想起考试卷还没改，教务处明天就要成绩，于是不由分说，把一叠试卷朝天一抛，教小儿："凡是名字在上的及格，名字朝下的不及格……"

于是又说到当今名流，仍旧是放荡不羁，但是有多少才学就不敢多说了。有些事有伤斯文，不想复述，这里只说点程度轻的。比如上课不带书和讲义，与学生瞎吹胡侃，比如一学期不改学生作文，比如只花20分钟就能胡批一个班的作文，比如和老板喝上一斤五粮液，立马就进教室上课，以酒气将学生熏得呕吐，等等；有的则矫俗干名，以怪模怪样吸引学生注意力，以标新立异去掩饰教养的不足，等等。

这类事之所以能成为谈资，是那批人物的特立独行，以及效颦者的入迷精神乃至画虎类犬的愉快。

我不反对教师有个性。现今的学生缺乏个性，也往往由于教育者自身缺乏个性，不仅教学没有个人风格，言行也平庸得唯唯诺诺。社会用语中不是经常讲要"统一思想"吗？如果思想能被"统一"，那将会出现一个什么样的社会？特别是在教育界，教育培养人，要保护学生个性的发展，如果强调"统一思想"，那教育本身的价值就没有了。

其实中国旧式教育很难培养出真正的思想叛逆，反叛者往往只是通过行为的放荡不羁以示不买账、不在乎，而不是通过建立新的思想体系去影响体制。他们不把权贵放在眼中，不把名利放在眼中，不把世人评议放在眼中，当然，也不把任何有价值的事物放在眼中，——问题也就在这里：他们不敬重师道，故而也不把学生放在眼中。中国教育落后于世界，没有真正意义上的现代教育，关键在于缺乏以人为本的教育意识。一个性格古怪、行为乖张的人不能成为教育者。我曾多次问过那些仰慕名士风流的人："如果你的孩子正在读书，你敢把他交给那样的教师吗？"很有意思，所有的回答都是否定的。

我这样说，有人就认为现代教育刻板，没情调，教师没有魅力。但是我认为，如果他要做名士，尽可以继续他的放荡不羁；他想做教师，思想尽可自由，行为上还得循规蹈矩，——道理也简单，他面对的是学生，而不是府第内的仆役，也不是风月所的丫环。如果他以为学校是可以随便一下的地方，那他根本不能从事教育。20世纪20年代，是中国旧式教育走向崩溃、"新式"教育开始出现的时代，那一批刚刚剪了辫子，可以释放自由情怀的读书人还不知道该如何做"教师"，很像刘邦让叔孙通起朝仪前的那样自由自在，故而行为怪僻、性情乖张尚可理解。但那些现象恰恰表现出中国教育伦理的落后。教师即使有真本事，也不能恣意而为，因为这是教育，不是做戏。况且有真本领的人往往行止有方，所谓社会形象，其言行对青少年会有直接的影响。

中国大多数读书人并没真正懂得知识分子的高贵，他们沉迷于所谓名士风度中，沉迷于体制的赏赐之中，沉迷于对劳工阶层的优越感中。中国人在政治社会生活中始终有神，但是在个人生活中始终缺乏对信仰、对道德法则的敬畏，这是很值得注意的现象。

第四辑　沉重的话题

学生给教师上了一课

2005年夏天，在江苏连云港观摩全国特级教师展示课，见到一位有意思的中学生。盛夏天热，开幕式结束，我瞄见会场东北角座位比较空，就往后走了过去。走到那里才发现，座位并不空，是四五个教师睡在那里，每个人占了四个座位，把自己放平了（所以在台上看不到）。他们睡得很香。想到这些教师也许住宿条件差，没睡好，这会儿到了有空调的地方，困了。台上已经上课，想叫醒他们，又怕不合适，——我住在宾馆里，休息得比较好；再说，这些教师，他们每个月能全数领到工资吗？……

就这样想着想着，睡觉者却先后被自己的手机铃声闹醒。有意思的是，睡醒了，他们并不急于爬起来听课，依旧躺着；一会儿，像是做集体游戏一般，都掏出手机发起短信来。他们躺在那里发短信，接短信，足有一个小时。台上教师在认真上课，角落里这几人却一直躺着收发短信，这真是信息时代的悲哀。怎么会有这种懒汉式的教师？我乱想：低收入，低社会地位，早晚会产生与之相适应的低素质劳动者；不幸的是，低收入也能造就公然在会场睡觉的教师。然而，低收入是不是就一定会培养出与之配伍的低追求呢？我以为未必。

第二天下午，开始自由评课。一般情况下，很少有教师主动发言。这回有青年教师上台，大大方方，侃侃而谈。他说："学校派我来学习，我原来有自己的小算盘，第一天去花果山玩玩，第二天到海边浴场泡泡，没想到一直下雨，我的计划泡汤了，只好坐到这里来听课。不过，听课也很有收获……"我以为台下教师会哄笑或嘘他，没有，老师们体贴宽容；又有人发言盛赞某位开课女教师“形象美”，赢得一片掌声……心里不觉有点酸楚：我们的教育界已经彻底融入社会的某个层次了。

就在这时，有位中学生走上讲台，她问主持人：“我是个高二学生，我可以说几句话吗？”——我们很惊讶，中学生来评课？这种事从没见过，何况这是七八百名教师的大会？得到同意后，这位女生就这么很自然地对着话筒说起来。她说：“我是连云港东方学校高二学生，我叫×××。因为我以后要当教师，所以很想听听特级教师们怎样上课。经过校长同意，我在这里听了一整天的课，这些课让我耳目一新……可是我坐在老师们中间听课，对老师们的一些表现感到不解：有许多老师在听课时做其他事，有的看报纸，有的打手机、发短信，有的老师卫生习惯很不好，吐痰、扔烟头……我希望老师们能尊重上课教师的劳动……”她说话时，全场的嘈杂声一下子停息了，等她说完“谢谢老师们”，全场响起热烈的掌声。鼓掌的有没有那几个躺着收发短信的教师，我不知道，但是听到全场教师为这位说真话的学生鼓掌，感到我们的教育还有价值。当今之世，中国有这样的学生，可以证明实施真正的素质教育是有可能的。

几个月来，我常想，那个高二女生坐在台下听特级教师示范课时，怀着的是一种什么样的渴望？当她看到台下教师种种不文明的表现时，她会不会有和我们一样的忧虑？她走上那千人会场的主席台前，曾经怎样地鼓励自己？……

前些天，在会议上遇到连云港东方学校的李震校长，我回忆了那个高二女生的事，再次发出感慨，并建议他表扬那位说真话的学生。听众中有人奇怪，为什么会对那个女生的举动评价那么高？

怎么说呢？如果教师不能坚守良知，没有职业自尊，中国的教育会有什么样的明天？我们又能培养出什么样的“人”？如果现在不思考这样的问题，那很可能就来不及了。

遍地“教育家”

几乎每个星期都能收到各种各样的“委员会”“研究所”“中心”“编委会”寄来的邀请信或通知，无非是告诉我，什么文章获“一等奖”了，什么文章入选他们的“年鉴”了，为制作证书与购书，请寄人民币若干到某某信箱。这些“花头精”泛滥，被称为“信骚扰”。虽说一笑了之，但是细想一下也很可怕：他们这样固执坚韧，孜孜以求，是因为有人上钩；如果没有人上钩，他何不改弦易辙？而且的确听说有人在一些评选、申报材料中放入这样的“获奖证书”（据说全是“一等奖”，从来没有“二等奖”）。从那些附加活动的经费看，可能有不少会是教育干部。在我收到的“通知”中，有两次还打着“国际”旗号，通知我到泰国、阿联酋、埃及去领奖，其行程十多天，费用要一万多元，一般教师是付不起这份钱，也无法请到这么多天假的。近几年我开始留心这些发函单位：这些行骗的“研究所”“中心”名头都不小，有的地址竟是教育机构的下属事业单位，也就是说，一些文教单位确实已经沦落到盗贼、娼妓不如的地步了。

比较有趣的是最近收到某报一份邀请，要我作为嘉宾参加“全国教育家大会”，地点在北京人民大会堂，费用也很高。更有意思的是通知上注明，如果要参加某日晚上在钓鱼台国宾馆举行的特别宴会及高层对话会，另交2600元，并且要事先汇出。我自然还没昏到认不清自己是谁的地步。但是这一次想到的是，这些主办者胆大，被诱去参加“教育家大会”的人胆子也够大。如果单位钱多，花公家的钱去买个“一等奖”证书，自娱自乐，捎带去看看异国风情，又能缩小影响，不让群众知道，也就罢了，怎么就敢去开这个“教育家大会”呢？如果说花钱买个获奖证书仅仅是满足虚荣的话，那花钱买“教育家”的头衔简直就是在表演愚蠢了。

早先有作者写文章，题目叫“呼唤教育家”，仿佛人们有能力做教育家而不屑做，所以他要“呼唤”。依我的意思，不如改为“寻找教育家”。我觉得在我们中国，大家都在忙钱，社会早就是一副没有教育家的样子了，大概只能烛照寻觅。谁曾想到一声呼哨，呼隆隆一下子聚集起七八百个“教育家”，就像昨天的紧缺商品一夜过来便成了滞销货，要“流泪大甩卖”、喊“跳楼价”了，这让人如何是好？

我说这样的话，很扫了一些人的兴头。据说参加那个“教育家大会”的人绝大多数用的是公款（民办学校的老板当然不在此列），出场助兴的领导干部也收取了出场费，而几百个“教育家”谈了些什么名堂，有没有发布什么“宣言”，竟没有下文。唯一可以肯定的是，少数人的腰包又赚满了。

一个会议竟然能汇集七八百个“教育家”，真是天高任鸟飞、牛皮任他吹。说起前辈教育家，如蔡元培、胡适、陶行知、晏阳初那样的人物，一个个都令人崇敬，几十年就那么可数的一二十人；现在冷不丁出了七八百个，“教育家”三个字就这么一下子便滥了？按他们那样的逻辑，做到了能管上百十个人头的，就能称之为“家”。比如工厂厂长，不再喷唾沫星子骂人，学会了含笑矜持，就希望别人称他“企业家”，哪怕工厂明天就要破产，他也敢去参加“企业家大会”的。依例，做到学校校长，当然也就敢自认为是“教育家”了，以后当兵做到连长、营长有没有可能算“军事家”，写了几块豆腐干要不要称“文学家”，在我们这个“大师满街走、专家多如狗”的国度，都有讨论的空间。

中国人，你糟蹋了多少称号啊，这一次连“教育家”也被你们糟蹋了！

最让中国教育羞耻的事，莫过于一群“教育家”空喊了几十年革命高调，最后全帮老板们赚钱去了。姑且把这些人物全算作“教育家”，那么就看看这一二十年，他们做了些什么事。把共产主义理想教育喊得最响的一群人，如今在做什么？绝大多数一退休，就“发挥余热”去了，用“余热”“热”什么呢？“热钱”。我原先以为，这些信誓旦旦“忠诚党的教育事业”的专家们会急国家之所急，到农村去，到边疆去，到祖国最需要的地方去办学。没有。我没有听到有几个去办乡村学校、民工学校，他们几乎清一色地联合老板们，办起“产业”学校；少数恶劣的，还利用职权鲸吞国有资产，拆公立学校的台，掠夺公立学校的教育资源，为自己以后的发家致富奠定基础。中国教育的失败，当今最明显的一个特征，莫过于那群伪教育家的图穷匕首见。

还有个怪现象，即当今出了许多根本不懂教育、对教育也不感兴趣的“教育家”。为数不少的校长原先是其他行业的干部，但因为当今教育界追求的目标离真正教育家的追求已是北辙南辕，所以内行的话未必有人听，而大量的外行也就显不出有多么外行。这批校长既没有把学校建设出特色，也没有自己的学科教学经验（他们基本不上课），因而对学校管理只能发出无知的空喊。无知也无畏，无知加无畏也会无聊。某市有个民办中学校长花了点钱把自己弄进了一本《世界名人录》，还做了一批印花，误作邮票广泛赠送。校长不知道“世界名人录”其实等于“世界人名录”；至于那位校长大人是不是“世界名人”，休说是“世界”，就是我们这些仅仅距离一二百里的同行，如果不是听到这个笑话，也是想不起其人高姓大名的。

于是就又想起了去年的笑话，有人讥评：中国忙经济工作的人成百万，够得上经济学家的，只有五人。夔一足，一个国家，能有五个有聪明脑袋的经济学家也就够了。美国有个格林斯潘，满脸皱纹，老态龙钟，他领导美联储，要涨要跌，说一不二，美国人服他。我们中国，“家”太多，都要说话，一会儿说公民纳税“起征点太高，剥夺了低收入者作为‘纳税人’的荣誉”，一会儿告诉公众“地铁员工家属免费坐地铁是为了反恐需要”；环境研究所发布成果，认为城市环境污染“不是由汽车而是由自行车造成的”；企业家说药品不能降价；商人说“房地产业就是要暴利”……这些都算“经济界人士”，说出的话仿佛都有“经济学”的背景，然而都是那么玄妙得不可思议。

那么，面对中国基础教育的现状，那七八百名“教育家”有些什么话要说呢？他们又能做些什么呢？相比而言，衮衮诸公，境界应当在九百万教师之上，胸怀应当比九百万教师宽广，责任应当比九百万教师重大，学养应当比九百万教师丰富，而且，拿的钞票已经比一般教师多得多，如此，总不能天天东奔西跑，出席那些沽名钓誉的烂会，或是忙着编瞎话吧。

闻学生向学校索要奖金

得学校教务部门消息，有几名高三保送生不肯交高三下学期的学费，甚至有学生提出，由于他们竞赛获奖并被北大、清华录取，学校还应当付给他们奖金云云。我听了以后非常惊讶。高校可以提前录取高三在校学生，但按规定，这些学生仍须跟班学习，继续在校注册，待至高中毕业，领取毕业证书。因此，高三下学期应当照章交学费，如家庭经济困难，学费由学校减免，并可继续享受助学金。

这几名保送生不肯交学费，而且索要奖金，理由是他们不需要参加高三下学期的学习，而且他们认为自己为学校在社会上挣了面子。

我和许多教师一样对此难以理解：学生和学校的关系怎么弄成了这个样？这些学生在教师的辅导下参加了各科竞赛（这些竞赛有没有必要举办，中学学科竞赛有哪些弊端，是另一个问题，不在这里讨论）。学校为了学生能获得好成绩，指定教师专人辅导，提供实验设备，所有部门开绿灯；有教师为了辅导这些学生，放弃了整整一个学期的休息时间；这些参加竞赛的学生在校享受的某些优待，一般学生甚至教师都享受不到。然而仅仅因为获了奖，得到某几所大学的青睐，媒体一捧，18岁的高中生脑袋“嗡”地一晕，一下子便忘记自己的优秀成绩是如何取得的了。更令人费解的是，个别教师也认为学校应当给学生发奖金，理由是：如果不发，以后学习好的学生不愿报考本校，也就难找“竞赛苗子”了。

目前教育界的恶劣风气毒化了学生。早几年刮起的“教育产业化”之风让一些中学利令智昏，以办公司、开商店的法子来办学。为吸引优质生源，便打升学率这张牌，试图通过大学名校录取人数、学科竞赛的优胜纪录打响知名度，故而竞相折腾，把应试教育推向疯狂的境地。在这种竞争下，相当一批学生及家长的价值观发生了质的变化：他们不再把在校接受教育当作人生的修养过程，不再视学校为圣洁之地；他们把上学当作消费付出，把学科竞赛作为上名校的敲门砖，把取得的学习成绩当作向学校讨价还价的筹码，把教师视同家庭的仆佣；如中考成绩优秀，还会把填报志愿看作是赏学校的脸。不是有这样的事吗，因为初中学习成绩好，重点高中纷纷上门抢生源，甲校许诺三年学费全免、食宿费免交，乙校声称第一年就送到欧美游学一次，丙校后来居上，二话不说“来现的”，先送上一大笔钱……你别以为这是传闻，这些事在当今教育界已经全发生过了，而且不是个别现象。在高考竞争中，名校要体现优势，官员要政绩，手段便更为拙劣，某市曾许诺：学生如能考上省区“状元”，奖励住房一套。

旧话“一日为师，终生为父”，是教育学生知恩报恩。以现代教育观念分析，那种提法是比较落后的。从教育本身的性质看，师生之间也无所谓什么“恩”：教师付出劳动，领取薪水，虽然菲薄，但这是个人的选择，同时教师自认为是在做一件有意思的事。学生通过学习获得教养，如果他有感恩之心，并把这种情感推及他人，那正是作为教育者的幸福。多年前，有位学生说：能读到高三，能有考大学的机会，能长得这么健壮，每天能有这么多的愉快，全是认识的和不认识的人的恩惠；作为学生，他一时无以回报，能做的，是“考完大学后去无偿献血200cc”。——当年的教育水平似乎不高，但我们有过那样的学生。而今，教师并没有向所谓“高材生”们索要回报，谁能想到，学生竟能因为成绩优秀而拒绝交学费，并向学校索要奖金！

中国的教育发展离现代文明的目标还很遥远，而一些人已经把民族文化传统中最起码的教育伦理过早地丢掉了。

过分的优待与颠倒的伦理

2006年春运期间，铁道部发出紧急通知：为做好返乡学生运输工作，固定列车（非临时列车）要预留足够有座车票供学生始发和中转使用，做到中转学生不过夜，随到随走。

关心学生，保护学生，尽可能做到让学生安全返乡，动机很好，是有关方面关心青少年的体现，群众能理解。但是我同时也有些不解：对大学生如此优待，是不是有点过分？特别在今年春运高度紧张之际，这种对大学生的特殊优遇就显得不太正常。春节前，我曾为买一张车票伤透脑筋，白排了队，也托了人，连站票都买不到。和青年学生比，我这个年纪是应当得到照顾的（至少我还算是他们的老师吧，至少我还是纳税人吧），但是我的学生有条例、规定或通知必须优待，我却不能享受。在购票处前的人山人海中，看到无从计数的妇女、儿童和老人苦苦地等待一张回家的票，看到成千上万辛苦劳动了一年的民工兄弟好不容易拿到工钱，却又被堵在火车站，我就认为上述“紧急通知”固然照顾了大学生，但是于法于理于情都说不过去，会生出许多麻烦事。如果铁道部在春运中已有措施或条例能照顾到残疾人、老年人、妇女、儿童和军人，再照顾到学生，我相信群众也无所谓。大学生已经是成年人，在需要他们关注社会，关注民生，建立社会责任感的时候，把他们作为弱势群体保护起来，对他们的精神成长能有什么好处？是不是真的把大学生当成“天之骄子”了？这样的教育后患无穷。

看着那些盼望买到一张火车票的父老乡亲的眼睛，想到安坐在列车上的对社会还没有做出什么贡献的青年学生，心里不免一阵酸痛。我们的社会为什么总是有这些本末倒置的事？

颠倒的事还有，今年竟有教师上门给学生拜年的事。据《武汉晨报》报道，武汉一所中学的初中教师春节前集体到该校初三年级学生家中拜年，因为这些学生是学校的“学习尖子”，学校希望他们在今夏毕业时能报考本校高中。据称老师此次拜年的对象为初三年级排名前20名的学生，拜年团由政教主任、年级主任、学生的班主任及相关任课老师组成，学校还为每名学生准备了一份礼品。这是为即将开始的“生源大战”开展的“情感攻势”，因为这些初三的“尖子”学生经常是各高中争夺的对象。

教育民主，师生平等，和重教尊师也并不矛盾，但是长幼有序、敬老扶幼还是要保持的文化吧？教师那已经很脆弱的社会地位还是应当受到尊重的吧？记得“文革”旧事，中学生下乡劳动，刷标语时写“革命生师”，贫下中农虽有实施“再教育”的资格，仍不忘根本，有贫农大骂红卫兵小将：“混账东西，你和你爹妈是称‘父子’‘母子’还是称‘子父’‘子母’呀？”真是“礼失而求诸野”。如今老师给学生拜年，仅仅是因为担心学生要另栖高枝。往岁学校为了争生源，不收学费，倒贴食宿费，甚至给初中生送电动车，2006年一开年就有了教师向学生拜年的颠倒事，今年的高中招生肯定又会出一批新花样了。

去岁岁末得知的一件事余响未绝。有位老工人白方礼，蹬三轮车几十年，将积蓄起来的几十万元血汗钱全捐给了贫困学生。我不知道学生家长和学校校长们能否了解那每一元钱背后的艰难！1994年，白方礼老人在他81岁生日那天，又把整整一个冬天蹬三轮车挣的3000元钱交给一所学校，校长代表全校300名贫困生向他致敬，当时白方礼曾感叹：缺钱的学生这么多，靠我蹬三轮车救不了几个娃呀！不知道接受白大爷捐赠的那些大学生和中学生内心是否坦然，我不明白：一个忍心用八十多岁老汉卖力气的钱去读书考大学的青年，究竟能有多大的出息。

鼓励或默许白方礼那样的老人用血汗钱为教育捐款，是社会的耻辱。学生家长和学校校长不应当接受他的钱，社会也不应当鼓励像他那样的老人捐款。我们的社会常说的是“再穷不能穷教育”“再苦不能苦孩子”，但是更不能苦了白方礼那样的老人啊。“谨庠序之教，申之以孝悌之义，颁白者不负戴于道路矣”，教育界能否想到在教育中须有“再穷不能穷老人”的内容，我以为很重要。

为了每个人的幸福，为了社会能保持公平公正，教育要教会学生懂得自由与平等。当民工兄弟辛苦一年只能站着回家时，大学生能坦然地坐着吗？那样的大学生能成为社会栋梁吗？能去“扫天下”吗？

麻木的教育新闻

2005年9月10日，是教师节。知道这一天是教师节的国民极多，因为我国有一两亿中小学生，大学生现在也有几千万，是世界上学生最多的国家。这一天学生用不同方式向教师表示祝福，中国电信和城市大小花店、礼品店也会发上一笔财。晚上，从地方台直到中央电视台，各家的新闻节目都播送了中小学生在上课时向教师问好，教师在课堂上声情并茂地教学，教师在办公室聚精会神地批改作业，学生簇拥在教师周围欢笑等中国式新闻的镜头……

但是人们好像都忘了：2005年9月10日，是一个星期六，是公休日。在这一天，中小学不上课，教师不需要上班，学生不需要到校。国家教育部规定的课时总数是按五日工作制制定的。中小学星期六上课，属于补课；而星期六补课违反了规定，也违反了《劳动法》。

事情就这么让人尴尬。

然而人们也就这么习惯了。大家习非成是了，新闻界也就毫不敏感。感兴趣的可能只会是洋人。

日前偶看中央电视台《新闻调查》记者采访某校的“素质教育”。有关这所学校“狠抓死揪”升学率、加班加点的传闻，听过不少；因为该校升学率高，群众认同，有关方面也就睁一只眼闭一只眼。看过该校的经验介绍，也听过该地区教师私下传播的另一版本“经验介绍”，一点也不奇怪。

此番记者采访，问校长有什么经验，校长说了三点，其中有一点叫作“挑战极限”。学校教学中有什么“极限”可以“挑战”？这是个让人莫名其妙却又无须回答的问题。往下校长又谈到对“差生”的教育。——这便让人不知说什么是好。一个有正常教育理念的校长，他的嘴里会说出“差生”两个字吗？学校应是最能体现平等的地方，教师、校长的言语应当尊重学生人格。但记者没有任何反应。接着校长就说到办学的“平民情结”，也令我莫名其妙：一所学校办在农村，再不走平民路线会有什么样的结果？现在一些中学校长喜欢校门口挤满轿车，路被堵起来他最高兴，因为胜过某种广告效应。替穷人兴学，做当代武训，是底层社会对校长们的希望，然而何其难哉！采访中有高中生告诉记者：她的测验名次落到二十多名时，老师是怎样立即找她谈话，她又是如何抓紧的。——记者也没有质疑学校按成绩排名次的做法。接着又有一位出身贫困家庭的北大学生说起当年校长鼓励他“要出人头地”云云。我不敢多说，因为现在的一些中学校长成天要学生想的就是“瞄准北大、清华”，仿佛除此以外，其他大学都是见不得人的。

在应试教育大潮的冲击下，教育者应当有什么样的人文思考，关系到教育的未来、民族的未来。对缺乏人道精神的教学模式保持缄默，是教育者的耻辱；而如果为这种非人道的教育摇旗呐喊，那就连羞耻感也没有了。

整个采访，不断地露出与包装不符的破绽。其实记者如果愿意暗访一下，或者多住几天，也许能有一些有价值的发现，让观众大开眼界。有位教育学者的私下谈话足为人戒，他说，到现在为止，没看到一所学校的素质教育是真实的。——从言行不一的闪烁其词，发展到强说腐朽为神奇，标志着教育进一步走向堕落。

从应试教育发达地区来的同行说，那里的教学现在变成了六字诀——“揪，死揪，死命揪”。有教师在网上发了个帖子，标题叫“魔鬼县中模式下的难以出嫁的女教师”，说到在学校的重压下，每天早上六点半进校，晚上十点半离校，每星期只有星期天下午半天可以做一点自己的事，青年教师连恋爱都没时间。我起先认为过于夸张：战争年代军队有那么多人照样结婚，应试教学至于会剥夺人起码的愿望吗？回答是：战争有战胜的希望，而照目前的形势看，应试教学的疯狂可能还会持续三五十年，没指望。

“十运会”的速度赛马结果引起过一些争议。此前组委会为了照顾一些省区能得到金牌，竟然将比赛距离拉长为史无前例的12公里，超出了马匹奔跑的极限（世界公认的竞赛马匹的耐力极限是7400米），结果使比赛变成了一场血腥的“杀马大会”。据报道，19匹马参赛，1匹死亡，11匹重伤，余下的7匹也受到不同程度的伤害。北京马术队的姚革先生痛心地说：“在国际马联的规则中有一条是最重要的——马的利益高于一切。就是说马比骑手还要重要……”而为了满足少数人虚荣心的一场比赛，却永久地毁了12匹赛马。这件事有点像、或者说很像中国的教育，令人咀嚼出些许酸楚。面对这样的现实，也许又会有校长出来喊一通“物竞天择，适者生存”“追求卓越”“做领跑的人”，也许记者也能找几位穷孩子通过奋斗进清华、北大的经历来做注释，但教育的本质在于提高全体国民的素质，不是为了少数人的金牌。再说渴望得到金牌的，其实并不是马。

“取消择校费”能解决问题吗?

看了教育部原副部长张保庆就教育问题发表的讲话，比较欣慰。有识之士呼喊多年，唇焦舌敝，现在一些问题总算有了初步的说法。但是我们也需要冷静思考，充分认识实施阶段可能遇到的困难。

在第十一个五年规划期间，农村九年义务教育将实行全部免费，我认为这件事难度并不大。主要的困难是资金。只要能纠正观念，控制财政预算，在投资上不犯低级错误，严控贪污腐败，休说是九年义务教育免费，我看高中教育免费也不会是什么难事。具体实施义务教育免费的计划要做到有序，还是应当先农村、后城市。不过我们也应当清楚地看到，实行九年义务教育的免费政策，未必能缩小教育的差距。城乡教育设施的差距，不会很简单地随着“免费教育”而消失；城乡教育质量的差距还会长期存在，这将是下一个难题。

屡遭抨击而岿然不动的教育乱收费已成为国家落后的标志之一，但是教育乱收费的根源仍没有引起全社会的足够关注。教育乱收费的根源是什么？很简单，就是教育投入严重不足。我至今无从见到各省市自治区准确的教育投资数字，但是各级教育行政官员的哭穷，经久未变。

至于“高中择校费将来一定会取消”的承诺，自然深得群众欢迎。不过，我认为这个承诺还有点“玄”。首先从执行的时间看，那个“将来”很可能遥遥无期，远水不解近渴。因为“取消高中择校费”要“等到农村的义务教育先实现免费教育之后，有关部门才能有精力加大对高中的投入和关注”（张保庆语）。其次是难度太大，无法从根本上解决问题。

为什么会有“择校”现象？简而言之，在应试教育模式下，学生考上名校就比较容易升入大学，而上大学，上名牌大学，则能比较顺利地就业，所以必须选择教学质量高的中学。如何“择”？比来比去，无论是过去的“重点中学”，还是当今的“示范高中”，打出的牌子无非都是高考升学率，而学生家长“择”的正是这个升学率（这又牵涉到教育事业健康发展的问题，在此且不论）。民办学校的收费大概可以随行就市，公立学校则必须按国家标准正常收费。但是由于政策上的各种限制，在“重点中学”生出的怪胎——“假民办”的挤压下，近年民办学校发展极不顺利，“择校”的矛盾也就更加突出。

如果教育投资能相对公平，如果学校的发展能相对平衡，如果学校的发展能各具特色，如果对教师的专业水准能有相对公正的评价，如果能考虑改造目前高考及录取的模式，等等，——学生和家长又有什么必要费尽心机地去“择校”？

因为“择校”风盛，名校“满足不了社会需求”，于是纷纷“扩招”，所谓的“优质资源”也就在这种缺乏理智的扩张中被逐渐稀释，因为优质师资是不可能随着生源的迅速扩大而加速生成的。违背教育发展的基本规律，“做大做强”必然成为“大而不强”。这方面的教训，过去有，现在多；中学才尝到苦头，高校则有苦难言。

“教育是农业”，这个比喻道出了教育的特点；而近年流行于教育界的“扩大优质教育资源”的提法，则是拍脑袋的发明。“优质教育资源”如何扩大？我至今仍百思不解。不知为什么，一些官员和校长却想明白了，不但想明白，而且“扩大”了。然而，作为“优质教育资源”主体的教师是不可能像核子裂变那样被“扩大”的。名师难以克隆，其繁衍虽然不至于像熊猫那样低产，但也绝不会像下小猪崽子一样一下子弄出一群来。几年了，我实在没看见那些“扩大优质教育资源”的鼓吹者“扩大”出了什么东西。

回到我们的问题上。如果简单地“取消高中择校费”，另一个矛盾可能会变得突出。即，要“取消”的是“择校费”，却并没有禁止“择校”；那么在不准收费的前提下，公众如何“择”，学校又按什么标准来收“择校生”呢？以当今的社会风气推想，会是哪些人享受“择校”的利益，得出结论可能并不难。——附带说一句：想了解目前“择校”利益分配的情况，也不难，只要行政部门肯去了解。

故而我认为，仅仅“取消高中择校费”，问题依然不会解决。

媒体猜题有损考生利益

2005年高考前，教育部发布高考宣传报道的有关规定。仔细推敲这个规定，我认为其中有些内容是必要的，有些则语焉不详。如“各新闻单位高考前不对与高考试题有关的内容做任何形式的报道”就不够明确。这一条并没有对媒体预测高考题做出具体、严格的限制，无法约束媒体以其他形式干扰命题；而干扰高考最甚，有损考生利益的，恰恰就是媒体猜题。

我国恢复高考29年了，从某种意义而言，高考已经成为一种产业。如果没有高考，会有一大批人失去谋生的手段。在东亚地区，围绕高考的种种奇形怪相层出不穷；而我们中国，因为人多势众，做事迅猛，猜题押宝，后来居上。

有家出版社的广告称，他们出版的高考复习资料“命中全国高考语文卷19分”。我认为仅让考生掏了20元钱，就帮其猜得19分，这是不得了的聪明。可是细看那“猜中”的具体证明，让人掩口胡卢。比如，他说，第二题（辨析字形）中4个选项16个词，他家“猜中”了两个，——出版商在蒙学生和家长：这一题即使“猜中”了15个词，也不一定能做出正确选择。

比起来，“猜中”作文题才称得上俊杰，因为这一题60分（个别地区升为70分）。有位全国知名的语文教师跑到江苏做报告，说他连续十年猜中全国高考的作文题，“一字不差”。我连听几位与会教师众口一词的转述，始知不是三人成虎。很奇怪，有如此神通，此前那么多吹捧他的报道为何没有透露过？那台下听报告的老师们为什么不赶快动手把他绑架回去呢？一位知名教师无知并无聊到如此地步，也真不是一件容易事。

跑江湖者信口开河，影响也有限，论声势大，还数当今媒体。报纸、电视加网络，一点风吹草动，瞬时传遍天下。自从部分省区自主命题后，一些地方报纸为增加发行量，高考前夕，约请名师猜题、押题。有些栏目引人注目，如“名师预测今年作文”“高考作文猜猜猜”等等，大肆宣传，不遗余力。有家发行量很大的报纸在五月份请高考复习专家做预测，连续几天，每天出三五道“话题”作文题，这些话题涵盖范围比较广，也就是说但凡有可能沾边的话题，它都列出来了。——然而根据考试命题的有关规定，为防止形成不公平考试，不管以什么形式出现的题目（复习题、例题、预测题等等），但凡在主要媒体上出现过的，命题工作组在命制试题时都要回避，连“相似”也犯忌。于是已经被封闭的命题组每天都得提心吊胆地看外面的报纸，哪怕媒体猜题擦着点边，也要尽可能地修改题目。2004年高考后，好几个省市的命题专家都诉说过这样的苦恼。请想：在这种接连不断的干扰下，命题会有怎样的结果？虽然不至于被逼上绝路，但是为防止意外，有些省市制题只好“冷”一些，设法出其不意，不能让它在意料之中。然而这一来就很可能害苦考生！——他本来就比较畏惧作文，有个难度适中的题目，他或许还能正常发挥；如果难度加大，题目变“冷”，他完全可能莫名其妙，思维“短路”，胡乱写一通。

教师和考生只要冷静地想一想，这个道理就很明白。也就是说，媒体每猜一题，这一题就被排除；媒体猜题越多，命题的干扰越大；而真正坐在考场上写文章的，既非媒体编辑，也非猜题名师，吃苦的是考生。如果媒体的确想考生所想、急考生所急，也当想到猜题非但徒费心机，而且会给一部分考生造成终身遗憾。

稍有点经验的教师都应当知道，猜题押宝不是考试的正途，特别是对付高考。老老实实地教学，有针对性地复习，加强思维方法的指导，培养良好的心理素质，只要这样做，高考是不会吃亏的。

令人不解的是，目前喜欢猜题押宝的人中，不少是特级教师和学科带头人，有在职的，也有退休的。他们乐此不疲地在媒体上猜高考题，说大话，乱放炮，以显示出他们的学养。我原先以为他们如此投入是寂寞所致，后来我才知道，有些是为了开拓家教市场，有些则是为自编的复习资料做广告。

我不反对媒体关注高考，我甚至认为它们应当积极地发挥舆论监督作用，反对招生腐败，帮助改革高考，就这方面工作而言，可做的事实在很多很多；至于猜题押宝，还是让跑江湖卖膏药的汉子们去忙吧。

明天如何写出版史

新华书店一位没留姓名的经理打来电话，请我到书店和读者见面。他可能对自己发出的邀请很有把握，我的回答也许使他感到意外。我清楚他的目的，其本意未必真如他所说“在作者和读者之间架起一座桥梁”，也未必是要宣传我的教育教学观，我的那本教育随笔集除了教师，一般读者是不会注意的。他看上的是我那“特级教师”头衔，他要把学生和家长吸引到他的书店中去，他想借我之口宣传、销售他店里的教辅资料，一如电视广告请人傻乎乎地帮着卖药、卖保健品一般。我去过那家书店，整整一层楼全是各色教辅，不少是粗制滥造的货色，还有不少出自那几家臭名昭著的出版社。我觉得，书店陈列要显示一定的经营品位，像这样一味地向学生推销教辅已经毫无文化可言，如果再请教师帮着吆喝，那就很像联手骗小孩子了。

以教育界的眼光看，近年出版业对中小学教育危害不浅。20世纪90年代至今，中国出版业几乎是靠卖中小学教辅材料盈利的。有一句“要发财，吃小孩”，很是形象。健康学家洪昭光曾说，小鱼小虾最有营养。我听了很难过，在生命的最初阶段，还不知道江河浪有多激，水有多深，会游水还没几天，就被吃了，真惨！可是在一个七八岁的孩子面前放上准备好的练习册和习题集，好像就不那么残酷了，因为那毕竟是书呀；几乎每个孩子都会被告知：那是人类精神的面包，你们要像饥饿的人一样扑上去。

一批民营书商在本城开会，有老板提出：“我们赚的钱这辈子也用不完了，大家坐下来商量办点慈善事业吧，像这样每天打牌输上一二十万也不是个事……”这件事是一家出版社的总编辑说给我听的，说的时候义愤填膺，但是说完之后又承认，他所在的出版社每年也向一些书商提供书号。有个知名的书商以卖教辅发家，七八年间横扫全国，仅推销员就有三万之众。目前已经办起了“教育研究所”，并出资赞助中央电视台。中央电视台接受这样的赞助丢不丢面子，与我无关，但是想到靠卖教辅发家的企业也能办“教育研究所”，并能招募教育专家给他捧场，我就不知道该说些什么了。

在疯狂的应试教育体制下，中国出版业依靠出版教辅究竟赚了多少钱，只要愿意做统计，根本不是什么秘密。人们应当想到的是：正是这些对学生成长毫无价值、泛滥成灾的教辅，毁灭了孩子们幸福的童年，葬送了无数青少年的梦想……

假使三千年后，考古学家来到20世纪的墓园，挖出一个“出版家”，问他一生出版的最出名的书是什么，那死魂灵喊道：“《课课练》！”——什么叫“课课练”？不懂。再挖。又挖出一个，依样给他开口说话的权利，问他一生出版了什么名著，那死魂灵得意地说：“《高考复习一点通》！”依旧不懂。再挖，再问，死魂灵们个个得意非凡，其他还有“高考导航”“××考霸”“××考典”……在那里埋着的一群人给文明世界留下的是一个个不可思议的谜。

明天的人将如何评价今天的出版业？我不敢想。但是出版界的朋友很豁达，他们听了我的牢骚后仅仅是嗔怪：“为什么要去想明天？”

招生腐败贻害青少年

又到招生季节，很烦，各种请托很多，作为教师，我的拒绝总是很无力。招生腐败也把教师推向了尴尬境地。本来，统一考试，按分录取，是比较公平的方法，大家都不应当破坏这个规则，——虽然不是每个人都有能力破坏这个规则。几乎所有的请托者都无一例外地埋怨领导干部和大款走后门，诉说这些人写出的条子如何之管用。在一些城市，市委书记有可能不认识个别局级干部，但是很少不认识本城的重点中学校长。不止一个校长说，抽屉里的条子“像是开常委会”，“四套班子全有”。校长们表现也不一，到了招生季节，或东躲西藏，托病避风，断绝消息；或为之四顾，为之踌躇满志，趁机开拓腐败资源。

弄清这些问题，不需要什么“办案成本”，也不需要高智商，简单到了极点：看一下名校的“学生登记表”就能知道。目前，这个表上的“家庭成员情况”一栏还要填写“父母工作单位”。官僚子女一般会在什么学校读书？有心人在单位里转上一天，不劳费心调查，一下子就能摸清。说来也怪，小报狗仔队动不动就乱咬一气，可是招生黑幕，竟很少有什么报纸披露。

现在不得不提一个问题：作为拥有优质教育资源的名校，它的学生来源构成与当今社会的和谐要求是否能保持一致？我们虽不该武断地认为自古俊才出寒门，但是名校中有那么多的官员和富商子弟，可能也不大正常。四年前一个星期天的晚上，我在广西的一所中学，看到校园里道路上挤满了各色轿车，约有二百辆，造成学校交通堵塞。校长解释说，原来不准开进来的，今天下雨，家长都送进来了。我当时想到，如果寒门子弟在这样的学校，心理压力肯定极大。没想到几年时间，轿车肆无忌惮地堵校门的现象已经随处可见。

湖南曾有几位老教育干部投书《中国青年报》，说："抚今追昔，今天有钱有势者的子女，能够进入好学校的比例，是不是增大了？他们都是考上的么？我们这么多教育工作者，对此是习以为常，还是觉得汗颜？"——问题提得好，但是把需要反思的人搞错了。不错，教师是教育工作者，可是谁都知道，卖名额、权钱交易之类的事，根本不是一般教师干得了的，教师有什么可"汗颜"的呢？前面提到媒体不碰这个问题，说穿也一文不值。有所名校经常被媒体骚扰，有点风吹草动，报纸就大做文章，弄得学校苦不堪言。某年有党报老总来函，恳请学校收下两个"计划外学生"。校长看到"协调"的机会来了，电话告知报社老总：虽然困难，人是收下了，择校费一文不能少；此外，报纸应支持学校办学，要对本校多做正面报道，每年应有一定数量的正面宣传。该老总竟然一口应承。又有记者连续五六年写文章吹嘘某校"素质教育有声有色"及"中考成绩优异"，无中生有，外加肉麻。有人问是否有什么隐衷，记者说：没办法，秀才人情，不吹不行。小孩当初差了三五分，承校长帮忙，收下了孩子。欠了人情，所以就吹校长、吹学校。

教育腐败（特别是招生腐败）的后果要让教师来承担是不公平的，但是招生腐败最终必定损害教师的劳动意义和价值。校长用招生名额与各种利益集团做交换，可是招进来的低分学生的转化辅导工作全压给了教师。有重点中学教师发现一名新生五门课总分只有二百多分，按招生政策，这样的分数连普通高中也不能录取，可是他不但被录取，还"考上"了重点中学。原来这是某高官的公子，高官帮校长办了点私事，校长就把他家学习能力低下的儿子"笑纳"了。收进来怎么办？校长给班主任和任课教师"做思想工作"，语重心长地说：每个孩子都有受教育的权利，要"关心弱势群体"云云。教师问：如果真的关爱"弱势群体"，为什么不去找些穷苦农民或失业者的子女来教育呢？无法入学的残疾学生也多得是，为什么不挑几个来关心关心呢？扶贫“扶”到了官僚阔佬家，教师、学生会爱这样的学校吗？

招生腐败，损害的远远不是几所学校的声誉，而是所有学生的心灵。那些勤奋刻苦学习的孩子，他们发现一些懒惰、能力低下的同学凭着家庭的权势，却有着可靠的前途，可能会怀疑奋斗的价值。因为有个做官的爸爸，因为有个大款爸爸，公共规则就能变成一纸空文；有了权与钱这两副杠杆，白丁也能上大学。同样在学校接受教育，耳闻目睹这一切，孩子们会认为这个社会是不公平的。那些公然践踏公平原则、以享有“潜规则”特权为荣耀的人有没有想过：18岁甚或年龄更小的孩子，从教育的不公平中发现了社会的不公平，会有什么样的结果？那些成天担心下一代思想素质的人们为什么偏偏对此不感到害怕？

学校也要评“星级”？

上尉见到上校，须先致敬，处长与厅长同出，宜让三先，这是礼数。小老板见到大老板，可以赔笑，也可以不理他，因为各做各的生意，以后不定谁吃掉谁。但是，“三星级校长”见到“五星级校长”，该如何，我就猜测不出来了。因为这实在是个新事物，古今中外，概莫能闻。

我听说这件事比较早，但一直没弄清其中门道。听传闻说曾规定“五星级学校的学生宿舍要达到三星级宾馆标准间的水平”，大笑一顿。后来听说仅仅是少数人建议，未被采纳。但是去年一些地方教育部门热火朝天开展的“五星级学校”评选，颇折腾了一阵，让人开了眼界。今春有一“假民办”校长说起头痛事，叹息道，局里又来动员申报星级，许诺保证给“三星级学校”。他当校长，成年累月纠缠在这类评比、验收之中，不堪其苦，考虑再三，决定放弃。——这在教育界非常难得，如今有几个校长敢于不从俗流的？

“重点”之制，20世纪80年代初就有，或者说是“恢复”，因为“文革”前有过。到了20世纪90年代，“重点”大兴于世，日见吃香。想上重点中学的学生越来越多，想戴“重点”帽子的学校越来越多，于是申报“重点”成了学校的追求。有“省重点”，当然也就有“市重点”，自然也就有“区重点”。五六年前有区教育局局长说，他的区已经消灭“非重点”了。虽然我们很希望大家都小康，人人皆成富翁，但没有穷人，哪能衬出阔佬？即便家家成“重点”，仍有等级之分；帽子各人一顶，花翎顶戴有别。

果然，不久就有了“国家级示范高中”。评审之际，正儿八经，哪怕有一项具体条件“软”，都得找大员疏通，说明，求情。评审大员驾临，鼓乐齐鸣，鲜花满园，除红地毯没铺，其他都敢玩。不几年时间，一城之中，又有三分之一都达到了“国家级示范”标准。所谓“示范”的比例，如标兵排头，有一即可，三分之一达到“示范”，就好比一个人给另两个人做“样子”而已。那些没评上“国家级示范高中”的，另辟蹊径，不久，“省级示范学校”也出来了，——理由也很简单：评不上“国家级示范”，并不表示自己丧失了“示范作用”。

“下一个会是什么？”教育界有人发问。这话问得极有经验，我们多年前就领教了，花样一定会有的。

果然，“星级学校”出现了。苏南有位老校长愤怒地说，这个点子没准是哪个家伙睡在五星级宾馆里想出来的！中国人的想象力在这些方面特别丰富。由此想到一些学校办公楼宾馆化，校长室套房化，可能也源于此。

问题是世界上还没有哪个文明国家评这种“星级学校”。虽然并非世上没人干的事中国人就不能开创，但是人为地扩大教育差别，形成不公平教育，则是逆潮流而动的蠢事。中国有现代意义上的“学校”，至多也只有一百年，中国教育在整体上大大落后于世界。但是这一回“星级学校”的评比，算是在世界教育史上重重地涂了一笔。

什么是“星级学校”？“星级学校”有什么样的标准？评选“星级学校”的目的是什么？……我没有必要对读者细说“星级学校ABC”。单就这个名称，就和公平教育的理念没有任何关联。早晚有一天，“星级名师”“星级教研组”“星级班”“星级学生”等等也会一窝蜂全涌出来！

试想：如果所有学校收费只能是一个标准，还会有人热衷评“星级学校”吗？如果评选“星级学校”是不交评审费的，还会有哪个部门争着要这个评审权呢？

我在看城乡学校建设“星级化”时，想到边远贫困地区，还有教室蜷缩在山洞里，有的教师连高中也没读过，更有年复一年拖欠教师工资的现象，那样的学校，算是什么级的“星”，我希望主事者能坦然地告诉公众。

但是我更没想到的是，“五星级学校”的评选涌现出一批新的腐败项目！因为“五星级学校”标准中有一条：校长必须是特级教师或博士。这一条本来也没有大错，学校管理大权的确应当掌握在专家手中。可是问题在于，目前大部分学校的校长还是教育局直接任命的，这些干部不但不具备特级教师或是博士的教育教学业务水平与学术背景，甚至有的连与教师沟通都有困难。他们本来已经给自己定位为“管理干部”，他不会上课，不敢要“特级教师”的荣誉，他读书困难，想也不敢想那“博士”的头衔，可这会儿忽然要“评五星”，他有了一个名正言顺的“混”的机会，别人还无法指责他，因为他可以声称不是为了自己，而是为了学校。那么，既然对“五星级学校”的校长任职资格做了规定，这些校长为什么不换个思路让贤呢？我们从这种选择中也可以看出，校长的位子对他们的重要性。于是一些校长就这样堂而皇之地混：一混大学“客座教授”，二混先进劳模，三混特级教师，四是组织枪手写“校长专著”。真热闹啊！

中国的教育，什么时候才能扫清那些花架子，扎扎实实做点事呢？

欣闻取消“重点班”

家中有孩子读书，少不得有人会问：“你读的什么班？是不是重点班？”现在，连七八岁的孩子也懂什么叫“重点班”了。

据2005年11月28日《新京报》报道，11月24日，教育部法制办公室有关负责人在京透露，在关于修改《义务教育法》的征求意见中，很多人提议，今后不要以任何名义在义务教育阶段编设“重点班”，也不能对学生的个性特征给予歧视。《义务教育法》修订草案将在年内提交全国人大常委会讨论，力争明年通过。届时，小学、初中盛行的“重点班”将有望取消。

“快班”“慢班”最早出现于20多年前，差不多与高考规范发展同期出现，从农村包围城市，从薄弱学校攻进重点中学，然后又从中学蔓延进小学……这种分“快班”“慢班”的做法早些年曾遭教育理论家的迎头痛击和一些名校的抵制，各级教育行政部门也曾一度干预，但是上有政策下有对策，现在中小学早就不称“快班”和“慢班”了，代之而起的是“重点班”和“普通班”，“实验班”与“普通班”，“省招班”与“普通班”，或“特长班”与“普通班”，如此等等。那么这个“普通班”是不是等同过去的“慢班”呢？这就要看学校是如何划分的。比如，有的学校一个年级8个班，4个“实验班”，4个“普通班”，这就昭然若揭，不用多说。一些学校公开搞“优质生源优质教学”，“普通生源普通教学”，只要有这种观念存在，教育就没有真正意义上的公平。而义务教育阶段全国城乡普遍存在的“快慢班”历经20多年批判，早就摔打成精，刀枪不入。其他如固若金汤的“校中校”，弄假成真的“伪素质教育”等等，也都身经百战，并逐渐和某些利益集团融合，不断变换蛊惑人心的旗号。

然而，最容易受到伤害的是孩子。孩子幼小的心灵接受的是什么？比如，他小学读的是“快班”，初中是“实验班”，高中是“强化班”，他从小就厌恶“普通”，他一直担心落到“普通班”。如果他是一个“普通班”的学生，他要花很多时间与智慧去琢磨别人对他的态度，以解释自己为什么到了“普通班”。特别是一些敏感的女生，她们最早受到的伤害就是进了“普通班”或是没能入选“艺术班”。

在民主与平等环境中长大的孩子，即使学科学习可能会有点缺憾，但是身心健康，能经历挫折，也能平等宽容地对待别人，他们具有合作精神，能适应未来社会。教育的目的是培养未来社会的公民，如果学生从小就知道“特殊”在“普通”之上，如果从小就让他享受那种高人一等的快感，从小就让他知道人分三六九等，穿皮鞋的不要和穿草鞋的走在一起，这就极可能为社会发展埋下巨大的隐患。

教育上的任何举措都有可能影响社会风气的变化，这种“快慢班”之类的“文化”也在一点点地毒化社会空气。孩子进了“快班”，全家欢欣鼓舞，额手称庆；孩子落到“慢班”，一家冷锅冷灶，悄无声息。咒骂分“快慢班”的家长，一旦自己的孩子进了“快班”，话语立场也会一百八十度大转弯，不再反对班分快慢；普通中学校长大多反对学校分重点与非重点，而一旦自己有机会成为重点中学校长，对这一问题的态度也会一样来个向后转。

为了普通教育能健康地发展，国家用立法的办法来取消“重点班”，显示了政府治理教育混乱局面的决心。同样，这也是对中国教育工作者守法素质的考验。当然，教育界能否真正地依法治教、依法办学，还得看实际行动。为了一代代的孩子成长为有民主平等意识的公民，我们希望教育界人士坚守理想和良知，不要辜负人民的期待。

如此“社会实践”

学生要去“社会实践”了，班主任们忙着联系单位，费时费神。社会像是成了经济怪物，什么事都要交换，这就会弄得小小班主任左右为难。十几年前我也跟着忙过，只是那时不像现在这样复杂。由于联系社会实践单位是件麻烦事，所以有些学校在招生时便把“协作单位”领导干部的子女安排妥当。

在社会风气每况愈下之际，“社会实践”的作用也令人生疑。我甚至觉得，除了能让学生从繁重的学习中暂时解脱，轻松三五天之外，好像没有什么其他积极的结果。有时甚至会起反作用。某年有学生在郊县做社会调查时接触到一起环境污染案，听到村民的控诉后，学生较了真，调查了三天，写出事件真相并送到电视台。结果是，不但媒体不敢公开调查结果，连“社会实践基地”的教师也来打招呼，说对方“省里有人”，不要再调查了，人家会报复，砸了我们的饭碗，全家都得喝西北风云云。

学生到外地一家企业去“社会实践”。看学生回来写完的调查报告，我认为一点价值也没有，而且全班同学写的内容几乎一个样，可能是听了企业负责人的什么介绍报告。可是有学生公开说，那家企业“很够意思”。怎么“够意思”呢？原来，学校为安排学生社会实践，托家长找了业务上的关系户，那家企业把接待这50名学生作为讨好客户的路子，不但热情接待，汽车接送，住宿不收费，还请学生吃饭。“社会实践”被企业“包养”了，调查数据由家长准备好了，食宿有人侍候了，这样的“实践”也就完了。如此“社会实践”的价值，也许只是提前让学生接触社会不良风气罢了。

寒假，因为有社会实践任务，一批高中生到敬老院慰问老人。学生还算懂事，知道不应空着手去，于是买了一纸箱水果。到了敬老院，他们意外地发现出面接待的院长并不热情。“老人们在睡觉，”院长说，“不能吵醒他们。你们应当预约。”学生有点失落，他们原以为老人们会夹道欢迎的。院长疑惑地问：“你们学校上午不是刚来过一批吗？”学生更失落了，他们没想到竟有人占先，已经来“革命”过了。待老人们睡醒，学生送上水果，说了几句话，就又到了院长办公室。院长径直问：“你们是不是要盖章？来，把写好的证明拿来。”——你看，一切都像例行公事，那位院长富有经验，一看就知道这些学生是为了完成社会实践积分才来的。长年累月，她不知道要接待多少这样仅仅为在证明上盖个公章而来的学生，所以早就冷漠了。

从报上看到有作者写自己的孩子在美国参加募捐的过程。那位八岁的女孩为了募集十美元，想到可以向邻居推销巧克力，每盒加价一美元。父亲想帮她，打算买下全部十盒巧克力时，她说，捐献是每个人的事，每个人只准买一盒。她先挨家挨户向邻居们说明情况，第二天才把巧克力送上门并取款。一切都有章有法，孩子在这样的活动中得到了锻炼，培养了独立做事的能力，而且在与人交往中熟悉了法规，学会了礼貌。

在一些国家，报考医学院需要“社会服务记录”，因为医生、护士是高尚的职业，需要有良好的品德。可以说，西方对报考医学院的学生的品格要求，比我们国家强调得要多。如果我们也实行那样的录取方式，会怎样呢？不久前在谈到改革高考、学习发达国家的办法时，有学者提出可以考虑建立“社会服务记录”，在高考成绩中占一定的比重。但是马上就有学者反驳：在中国，你要什么样的证明家长都有办法给你搞来。有权的官员，他会凭借权力，因为任何部门的公章还是由个人说了算；有钱的，他可以花钱买通关系户；有的甚至不需要通过什么关系，他直接到大街上找随处可见的“办证”，打个电话，就会有人把他要的公章送来……这种种欺骗在中国社会早就不再是耻辱，而且简直成为值得炫耀的权力地位象征。媒体上每天都有靠不住的消息，群众弄小小一张假证明何足挂齿？

而我们的学生过早地接触了这些污浊的空气，等到他们想纯洁一些的时候，已经迟了。

谈“中考状元持刀抢劫”

开学前后，不断看到贫困生交不起学费的消息，这些报道在呼吁社会关注的同时，也有求援的意图。媒体富有感情的报道引发了社会的爱心奉献，部分学生最终得到了帮助，但是杯水车薪，更多的贫困学生仍旧无法顺利地解决入学经费，其情可哀。最令我心悸的是《楚天都市报》的一篇报道。湖北随州某重点中学的“中考状元”小军（化名），因家庭非常困难，无法筹够400多元的学费，竟然持刀抢劫出租车司机。小军被捉住后低下了头，反复说“对不起，我想读书”。据说当地居委会每年资助小军部分学费，今年因故迟了几天，没想到求学心切的小军竟做出这种糊涂事，居民们恳请警方能从轻处罚。办案民警心中十分难受，对这位年年考试得第一的学生实施“人性化执法”，在处罚的同时给予资助。公安分局局长与其进行了语重心长的谈话后，将500元助学金交给他，同时承诺每年将资助其学费1000元。事情似乎就这样解决了。

我同情这个为了读书铤而走险的孩子，但看了这则报道有些疑惑。时下“状元”满天飞，一所中学也有“中考状元”（大概应当称之为“校状元”了），一个学习成绩如此之好的学生，他的公民课考试成绩大概不会差吧，可是为了交齐读高中的学费，他竟然会持刀抢劫！幸亏他不曾得手，如果他为凑齐学费而伤害了一个为养家糊口而工作的出租车司机，我们还能这样同情他吗？他不是没有接受过社会的帮助，仅仅因为这一次的帮助不够及时，他就敢用刀子去威胁别人，也就是说这个已经初中毕业的学生丧失了起码的道德心，没有最基本的是非观。因而我认为，虽然他的中考成绩优秀，其实并没有受到真正有效的教育。我们不能用那种廉价的同情去替换一个人必须接受的教育。

我对那种缺乏理性的同情感到忧虑，同时也想到了中国教育的弊端。目前的应试教育机制向青少年传达的最重要的是“竞争意识”，我们不能不看到，隐含在竞争机制背后的是残酷的淘汰法则。固然，在社会存在种种不公平因素的情况下，要做到教育公平的确很难。然而所谓的“优胜劣汰”一旦进入校园，必然引发恶性竞争。疯狂的毫无理性的管理模式和“教育方法”正在摧毁学生的人性。为什么校园内的极端事件越来越多、越来越奇？难道不值得教育界反省吗？

今夏因故独自在闽北某地小住。接待方通知了宾馆，那两天，宾馆派一位张姓青年照顾我。小张是位很有礼貌的青年，他对所有客人都热情周到。不管是陪我用饭，还是陪同出行，举止都很讲礼仪。他自述家中遭遇不幸，母亲早逝，父亲失业，不忍心让父亲靠借贷替自己交学费，也不愿意把父亲丢在这个偏僻的地方自己去大城市读书，于是就近读了中专校，毕业后找到这份工作，除了吃饭，每个月能存500元钱。问他还有什么打算，小张说，他比较知足，正在自学大专，但并不想去大城市“发展”，有机会的话找个工资高一些的工作并准备成家。我想，如果对他说“年轻人要有大志，要出去闯一闯”“要最大限度地实现自我价值”，可能会让他感到难过。一个人能接受一定的教育，有一份工作并能有尊严地生活，何必非要鼓励他继续“进取”呢？在这个小城里，有这么一位受过中等教育的劳动者在服务，社会为什么不提倡这样的教育？为什么要鼓动所有孩子都去挤那座独木桥？

这些年看到不少青年不断地“飞跃新高峰”，完全不顾家庭的实际困难，一味追求高学历，让自己的父母负债累累，这种用父母血汗换取的学历能给社会带来什么呢？不久前，有苏北农民在南京夫子庙街头吆喝，为了替三个儿子交大学学费，愿意把儿子暂时过继给富裕家庭，并要求签订合约，媒体做了报道。许多人奇怪：那三个受了教育的儿子为什么会让他们的父亲出此下策，他们为什么不能有尊严地自食其力？

我们周围的“语文”

学生在课堂上学语文，也向社会学语文。那么，如今的社会能为学生提供什么样的“语”和什么样的“文”呢？

以前我经常劝学生读报，后来我自己也不大读了，更不敢劝学生读了。我觉得有些内容对学生学习写作很不利。我们强调“修辞立其诚”，可是看看报上那些内容，“诚”吗？即使有，来得也比较慢。以前，我经常买些当天的报纸上课用，让学生评论好标题，学习新闻的写法。现在也不大敢了。学生不但会从报上接触不规范的语言、离奇的错字、古怪的病句、莫名其妙的标题，还要面对那些令少男少女尴尬的图片和不登大雅之堂的各种广告，我当然也不愿意学生对那些挂羊头卖狗肉如同诲淫诲盗的“法治报道”及各类绯闻产生兴趣。

我不大愿意接受记者采访，因为他们几乎每次都要出错。——不是我错，是记者常常偏要做一些曲解，有时也许是出于维护话语系统的严肃，有时则是弥补他们所认为的缺憾，有时则是缺乏起码的尊重人的意识，硬要无中生有，添油加醋。所以如果有可能，我愿意自己动笔。虽然我知道编辑会做些删削，只要他不“添”，我还是可以接受的，因为即使那割剩下的零碎不成样子，毕竟还是我说的话。

我也不大鼓励学生看电视新闻，因为那些话语不是典范的民族语文，主持人的表达方式常常有欠庄重，不值得学习。难得个别有价值的电视节目，都被安排在半夜，黄金时段要留给能“产生效益”的商家。

学生听大学教授做报告，有的教授大概低估了中学生的语文能力，常有信口开河、言不及义者；有的拙于表达，结结巴巴，错误百出。可是校长最后致辞时一定会说“感谢×××教授给我们做了一次精彩的报告……”所以每次看到学生在台下起哄，既为学生没修养而赧颜，也不得不对学者的“语文”水平有所怀疑。

看记者采访农民或市民老大妈，最应当能看到“开口见喉咙”的，可是不知道怎么搞的，这些“基本群众”说话也官场化了，往往也是奋不顾身，只讲大道理，他们特别喜欢说“感谢领导”“感谢政府”。

小学生身高三尺许，奶声奶气的，说话的功架和内容竟也一套一套的。电视采访，被采访人说些什么，我一般无所谓；可是一旦他们采访小学生，我就特别注意，我最怕的事也就一再发生。那些小孩子是谁教育出来的？为什么小小的年纪，也不能像个人一样正常说话？

几位师大毕业生来应聘，按照现行程序，要递交一份求职书，前言里要表达一下愿望，对自己做些介绍，也是例行公事。但是我认为对中文系毕业的学生，要求应当略高一些，因为你是要来当语文教师的。然而那些求职信很少能打动我。我有时弄不懂为什么这些师范生连话语都像从那个“范”里倒出来的一样。后来才知道，那些全是网上下载的。

新近在一家出版社看编辑们的“保持先进性”学习体会。这些编辑学历都很高，有的编过高质量的读物，有的获得过国家级的奖，但是他们的“心得”不知来自什么样的“心”，那些文字简直像是机器压制出来的，没有任何生命的活力，——把自己的思想变得如此干枯或曰虚伪而不知羞愧，文字啊，我为你哭泣。

——我在说上面这些话时，来听讲座的老师们都笑了。且慢，现在来看看我们自己干了些什么，好么？

我们每位教师，远的不论，从上大学起，就写过不少工作小结、思想汇报，如果申报过职称，则一定写过“述职报告”，不少同志还写过各种申请、心得，等等。我问一个问题：在这些应用文的第一段，同志们一般写些什么话？

——说到这儿，很多老师都笑了。是啊，我们写过一些什么话，自己总该记得吧。那一段话，像一个语文教师说出来的吗？像一个有语言能力的人说出来的吗？那种话语，是经过自己头脑思考再发出的吗？还有，那些话，是能让学生学习的“语文”吗？

第五辑　阿甘在跑

别再称我们是春蚕，好吗？
——教师节感言

在我们的节日里，却不得不听你们讲话。你们又在为我们唱颂歌了。

求求你，不要再把我的职业比作春蚕，好吗？

我爱我的职业，但是我厌恶你们把我的职业比作那蠕动着的蚕。

我一直厌恶中国人以春蚕比喻教师。我不知道还有哪个有进取心的民族会有这一类的比喻。我不喜欢没有骨头的动物，也不大尊重被人饲养（或豢养）的动物。虽然我在农村插队时也养过蚕，熟悉那可怜的小虫的生命过程。蚕要蜕变四次，最后通体透亮，作茧之后，如果不被烫煮抽丝，能破茧而出，也不过变成粉粉的蛾，活不了几天。

我们中国人赋予春蚕以崇高的生命意义，但同时也绝不放弃对它生命的充分利用，他们不但剥茧抽丝，而且把它的蛹做成了菜，甚至连它的粪便也做成枕头，没有浪费一丝一毫。那种蠕动的小动物所需的仅仅是几片树叶，它不给人类留一点点麻烦，只留下晶亮洁白的丝。这是中国人喜爱它的理由。人们把教师比作春蚕，比作蜡烛，是在用这些拙劣的比方把教师固定在"吐丝"和"烛照"的位置上。

我不喜欢把教师比作春蚕，还在于教师是生活的创造者，而并非一直在单调地吐一种一缕到底的东西；所谓"到死丝方尽"，又何尝不是"作茧自缚"呢？

我的不少同行仍旧认为自己的工作是奉献。因为是奉献，才能显出他们的人生价值，才能显出社会的某种不合理，才能显出这个职业的悲壮。似乎这不是一种令人尊敬的职业，而是要人去为之牺牲的一场苦难，是一条殉道者的路。

我们中国人真的“一贯重视教育”吗?“家有三斗粮，不当孩儿王”作为尽人皆知的传统的择业原则，是无法赖掉的。在贫穷落后时，只有精英会看到教育的作用，芸芸众生只想着混饱肚子；在有条件兴教育之时，人们会找出一切愚昧的理由，尽可能减少对教育的投入。学者说，教育是穷人除了造反之外能摆脱贫困的唯一道路，可是当今的富人又有多少是因为受了教育而发财的？所以，虽然人们会发出“百年树人”那样颇似远见卓识的言论，但是社会未必会去实施。这是一个言行脱节的民族、功利的民族，甚至是享乐的民族，很少有人真正地为子子孙孙去立百年大计。为了享乐，他们坐看绿洲变成荒漠，甚至不惜竭泽而渔，他们希望除自己以外的所有人都像春蚕一样默默地吐着有用的丝。

在这个节日里，我们也默默地听那些穿着丝绸的人们在赞美蚕。

让我们换位吧：如果我把你当作蚕，只让你吃一点叶子，而要你吐丝，待到“丝方尽”时看着你成蛹，然后再把你的蛹制成美味，你是不是还会露出那种欣慰的笑容呢?

在这个节日里，衣冠楚楚的各级官僚又含笑走过来了，他们把这种“看望”叫作“一贯重视”。他们只要一听到发展教育就会哭穷喊没钱，——明明是“大国办穷教育”，他们偏要说成“穷国办大教育”。他们总是错误地把教育当作蚕桑业：只要桑树不死，就有美丽的丝绸。如果有一天，这些无知的蚕有了知觉，懂得精神变动力，可以连桑叶也不要吃，一经表扬，立刻吐丝，那将是多么美妙的时代啊!

你们把我们当作蚕，那你们把自己当作什么呢？我一直想知道。

公仆的等级越高，家中就越发不可能有子女去当中小学教师。权贵的子女继续成权贵，或兼成富豪，不大可能去做春蚕。——人们啊，拿出勇气，来承认这样的现实吧!

在这个日子里，你们发表了热情的讲话，重复着一年年积累下来的单调赞词。然而我们知道自己的生存价值，我们是教育者，难道还需要公众来教会我们认识自己职业的性质吗?

我们不仅是庄严的劳动者，而且是爱的使者，因为有我们的工作，孩子们变成有感情的人、学会尊重人的人。

在这以后的日子里，我希望你们别再称我们是春蚕，好吗？

羽绒被与桶装油

没机会出洋考察，并不代表不具备现代意识，也不妨碍我们剖析处处可见的落后文化。大概是十七八年前，学校开始给从教达到一定年限的教师发纪念品。这些教师有的满30年教龄，有的满25年教龄，按规定，学校在教师节庆祝大会上要“表示”一下。做法是“送温暖”——送被子：腈纶被，羽绒被，太空棉被，毛毯；人分三级，物分三等，按照等级价值，送。学校的庆祝大会上，按从教年限宣布名单，教师在台上排好，校方就把一批硕大的被子一件一件地朝台上移动，校领导行握手礼，把被子传给老同志，让老同志抱着被子站在领导身边合影，礼成。照片不大好看，画面上一团一团的尽是被子，但是很好认人：抱着膨胀的被子，只露出一个脑袋的，是老同志；挤在被子与被子之间的，是校领导同志。有人看了说，这照片看上去怎么有点像是“补助贫困户”？是啊，是啊！难道我们教师缺吃少穿，睡觉连个盖的也没有？——谁知道这个做法竟如传统一样被继承下来了！当年嘲笑“补助贫困户”的教师，十来年一转眼也站到了台上，抱着庞大得让人哭笑不得的被子站在台上被人照相。教师抱着一床大被子行走在校园里，接受学生的致意，尴尬多于自豪。

学生竟也习惯了。逢年过节，看着老师拎着扛着学校发的桶装油、水果箱、大米、肉食回家，学生会很知己地告诉老师：“我以前的小学过端午节还发过盐水鸭、猪脚爪给老师呢！”那些食品哪里来的呢？经常是某家长某单位的“赞助”。学校做这些事不避学生，说明社会已经逐步适应了这种习俗。中国教育从农业社会兴起，故而一直脱不了带有泥土的小农味儿。插队农村时，当过两年代课教师，切身体验过这种习俗。当时有的小学教师仍在吃“派饭”。那些学校往往不成其学校，有的只有一两名教师，无法开伙，于是每天到农民家用饭，全村农民一户一天，轮流请。那里的农民把教师称为“先生”，一说起先生的毛病，就喜欢嘲笑先生的假斯文，讲述他们在农民家吃饭时各种假模假式的事。而到了晚上，有的教师改作业累了，肚子饿了，就去“家访”，专拣那些富裕人家去。改革开放，教育走上正轨，但是习惯还是老的。有些教师打抽丰的本领日渐纯熟，带个新班，三五天时间就把学生的家底子摸清楚，连买把椅子也会打电话找家长想办法打折扣；有校长带着亲信教师到处喝酒，每到一处喝酒都有家长赶过去付账。如今学校里让人难堪的事真多啊。

有学生在国外工作，说了一些国内大员们考察不到的东西。国外的教师享有公民的全部权利，他们很注意职业尊严，学校不可能用一桶食用油或一箱苹果当作他们的“福利”，接受家长的任何礼物都有可能违法；教师也不可能与学生家长坐在一起喝酒，让家长付账，更不可能利用孩子的学习表现及考试成绩为难或敲诈家长。

略举一二，能看出中外教育文化的一些差异。教师的行为体现着教师的修养水平，教师的修养水平也体现着国家的教育水平，这样说不为过分。的确有一部分教师的生活停留在“温饱阶段”，但是“温饱型教师”是不是只能有那样的修养？我看未必，否则中国的教育早就没指望了。

“跨”与“奔”

前些年，流行说“跨世纪”。早在20世纪90年代初，中学生写作文，动不动就说“我们是跨世纪的一代”“是新世纪的主人”，——这些话说起来颇有点目中无人，好像那新世纪只归他独享，别人无权分肥。有些新办学校起名“21世纪学校”，当时有人质疑：过五六年入了21世纪，哪一所学校不是21世纪的？到那时为显示超前意识就得改成“22世纪学校”，那成什么话？纵然是英才，勉强挨到那时，人也都百来岁了，除了供养起来，还能顶什么用？可是我这话不入耳，没人听。论起来很无谓：人们都以为只有自己才配去“跨”新世纪，就像小孩子写作文，以为21世纪是他自家的门槛，唯他能跨而入主，所以他就成了时间的主人。老年人腿脚不灵，挪动慢，跨不动，按他们那个规则，只能优胜劣汰了。

大家都说“跨世纪”，仿佛有道时间门槛横在那里，腿一抬，就能成时代的主人。那一年听流沙河先生说过，一见时钟距零点还差十分钟，急忙让夫人打来洗脚水，他要把那在20世纪没交好运、没走过舒坦路，不得不深一脚浅一脚地摸索、战战兢兢以及不断跌跤的老脚，洗干净，洗洗爽；然后说时迟，那时快，什么也不变，就进入新世纪了。至今犹记他说起这项“举措”的幽默。然而进了新世纪，我却仍看到他一如既往地曳尾泥途。其实，那一晚，谁“跨”了？谁“迈”了？大家没跑也没跳，更没跨，都进了新世纪，绝大多数人是睡着进21世纪的。什么新世纪旧世纪，也是人类为共同游戏订下的规矩，其实一天中的每一分钟都是不一样的，何以见得没有庆祝的价值呢？

看小孩子作文中雄壮的豪语，常有老矣不复志千里之叹。遥想当年，我等也曾出语高迈，特别是受红色情结感染，成天奋不顾身，想去解救天下另外的那“三分之二”，那时的愚昧闭塞，是今之伴着电视与网络长大的孩子们难以想象的。如我们勒紧裤带说“奔向共产主义”，就连和贫下中农在一起赶着辆东倒西歪的大车，也要唱：“哎哟嗬，哎哟嗬，哎哟哎嗨嗨嗨——哟嗬，奔向那共产主义前方！”

我说过，我的语文生活是从“反胡风”“反右”运动开始的，那是我初始识字便走向糊涂的开端。可不可以这样说：我从幼年起就投身政治运动？还记得大概是1956年，上小学的前一年，还反复看过一本《胡风反革命集团罪行》的连环画册。2004年秋，见到胡风先生的女儿张晓风，说起当年的那本连环画，她说少年时也见过，近年还很不容易收集到一本。1957年，我刚上小学一年级，常常挤到人群前面看大字报，知道什么是“反右派”；1958年升小学二年级，每天就在大街上看“大跃进”标语。那一段时间认识了好多字，也开始受革命激情熏陶。什么“公社大食堂”，什么“跑步进入共产主义”，什么“为一千零七十万吨钢铁而奋斗”“一天等于二十年”，等等，等等——我们听过那震耳的梦呓，不但听过，还看到这些话配上宣传画遍布街道和工厂的围墙。直到几年后，饿得皮包骨头、无力跑步时，我们还看见那些宣传画。

因为童年、少年和青年时代就是这么过来的，所以很能理解学生的心理。当然，学生的语言也是跟着成人世界变化的（现在儿童识字则多是从广告开始的）。世易时移，我周围的青少年就未必乐意“听妈妈讲那过去的事”。不乐意也罢。我也想通了：不必强求他们知道那些事，那些蠢事有时代的烙印，如果当年的人们能像今天这样比较自由地拥有信息，至于那么愚蠢吗？

建设小康社会，是奋斗目标，但是一提口号，却叫“奔小康”。喊了20多年，也算是约定俗成。我一听到“奔”就不自在，并非是说我们已经到了老年，四体不勤，听说别人跑跳飞翔就眼红，眼见人家能奔，就说风凉话。要“奔”小康，我们肯定跑不过青年人。所以见如今青年收入比我们高，我服了。

奔，则是朝前方。而什么是前方，前方会有什么，先要想清楚，不能乱跑。欲速则不达，一“奔”就会出危险。该怎么走就怎么走，能走多快就走多快，只要不胡来，都行。

阿甘在跑

《阿甘正传》那种电影，常看常新。我不知道是否有美国人把它作为人生辞典。有一回大家非要请我在毕业典礼上致辞，我在谈到学生要学会独立思考时，举例说不能做阿甘那种“领跑的人”，我说阿甘是幸运的，但是如果一所学校以培养阿甘为己任，那将是不幸的。后来有人认为我的言论有辱阿甘。我于是庆幸阿甘是文学人物，又不健讼，否则我就倒霉了。中国人的生活逻辑决定了他们不能做阿甘。聪明人喜欢说“呆人有呆福”，但是谁也不肯做地道的呆人。难道不是吗？可是美国人偏偏选择这样一个“呆人”来解说美国精神和美国社会，以我们这样的社会文化是不可想象的。

然而阿甘在美国是不是真有那样的好运气，我不敢想。我们这边也讲文明，关爱残疾人，可是假如遇上阿甘那样的同志，我们至多也只是把他送到街道福利工厂，让他从事简单劳动，给他一口饭吃，有一份零用钱；逢年过节，街道或区里来个把领导，和他握握手（未必肯和他们合影），夸夸他能自食其力，对新闻界介绍一下政府如何克服困难安置残疾人，体现优越性云云。

岂知在美国那种地方，阿甘被当作正常人，他的智商虽然不高，却有过人之技，那就是跑。体育竞赛的跑，阿甘好像并不擅长；他的智商也决定了他没有沽名钓誉的念头。上帝像是很公平，给了他一双神奇的腿，却不给他一副超人的脑袋，不让他去当政客。阿甘不会炒作自己，但是他的每一件事几乎都值得炒作一下，这在无事可炒的记者看来，是多么可惜呀！

阿甘最早的跑是为了逃避伤害，在逃避中他发现自己能跑。阿甘也喜欢跑，他跑个不停是因为没有事做。在媒体的拨弄下，越来越多的人追随阿甘跑了起来。阿甘作为领跑的人，并没有想到要对追随者负责，当然以他的智商，他也不需要对追随者负什么责。他根本不关心后面跟了些什么人物，他也不思考后面的人跟着他跑是为了什么。有那么一天，阿甘忽然不想跑了，他停了下来，所有人也停了下来，他们惊疑地问掉头往回走的阿甘："我们怎么办？"——阿甘不知道，径直走了。留下了一大群只知道跑，而不知道目标的傻瓜面面相觑。

我认为其中大有深意。阿甘从来没有让别人跟着他跑，因而他不需要对任何人负责，只能让那些"紧跟"者自己负责。在我们中国，即使你没有号召，但是你客观上没有对群众负责，一样是要受到公众谴责的。可是吃苦头的毕竟是那些跟着他瞎跑的人！怪谁呢？别说你的腿长在你身上，你的脑袋也还长在你脖子上啊！如果你的智商只有75，跟在别人后面乱跑了好几年，倒也罢了；如果你跟在一个智商只有75的人后面胡乱跑上好多年，却不知道为什么要那样没命地跑，那才滑稽呢！

多动脑筋。别乱跑。

局长“被送到人大”

闲聊，说到政府治本用铁腕，有干部侃侃而谈：“××区教育局局长抓升学率，没抓上去，当年就被送到人大；换了个局长，全系统震动很大……”听者也纷纷赞扬“就是要这样来真格的才行”，“一把手就有这样的魄力”……

这类官场新闻，耳朵已经听出老茧来了，只是我至今仍旧听不懂。如果对这种新闻完全没感觉，我不知道自己长着脑袋有什么用；如果想对这样的新闻设法说点道理出来，却又可能让我们大家都尴尬无比。

但是社会竟然认可这样的规则，则令我莫名其妙。教育局的任务成了“抓升学率”，升学率抓不上去局长就得下台，遵照的究竟是什么样的规则，“先进”在何处，我看不出。如果一个地区教化不行、民风崩坏、治安混乱、经济落后，公众要求罢免教育局长，那倒可以看作是社会文明水平高；仅仅因为升学率没达到指标，就让局长下台，于法于理都说不过去。回到教育本身，学生能升学，仅仅靠“抓”吗？升学率“抓”上去就一定好吗？考试能力仅仅是学生多种能力之一，学生全面素质的提高难道就不重要吗？教育局长的职责重，任务多——执行国家的教育方针、推行文明建设、推动全民的文化学习等等；即使关注“升学率”，眼光也得落在辖区内从幼儿入园直到考大学这种全面的“升学率”，而不单单是考取大学的人数。

如今各级政府都把高考“升学率”当作政绩，这便有了糟蹋教育、毁灭教育的野蛮做法——不是为保障教育方针的执行而完善制度，而是听凭制度漏洞的扩大并趋从非理性的胡作非为。如大多数学校加班加点，一星期至多让学生休息半天，每天把学生关到晚上十点才放学，等等，早就违反了一系列的法令法规，政府却不闻不问，甚至控制地方媒体，不予报道。据说有市长说过“只要不出事，只要不死人，做就做了，不要说”，其为政观念可想而知。

上面那则新闻中的“全系统震动很大”语焉不详。我本以为教育系统文明素质高，从法治角度理解，对“教育局长抓升学率，没抓上去，当年就被送到人大”表示震惊，没想到我估计错了。是大家认为局长为此丢了职位，的确要引以为戒。

于是我不得不自行研究一下这个“当年就被送到人大”。

这个“送到”有强行的意味，不去是不行的。通常用这样的“送到”是在什么境况下，这里就不必说了。我们姑且认定这个局长没能把升学率“抓”上去应当被解职，按习惯是从高往低安排，可是把一个办事不力的官员“送到人大”竟是一种处分吗？那个“一把手”或组织部门把最高权力机构当作处理不力干部的去处，岂不是对人民权力的一种亵渎？

再说，“人大”是谁想去就能去、想把谁“送到”就能送到的地方？难道进人大可以不经过一定的程序选举？难道人大的组织可以由某个一把手说了算？这种对干部的处置方式，将人民代表大会置于何种地位？这样的事在教育系统传开，再被成千上万的教师当作例子带进课堂，会让青少年对我国的政治体制与政治文明产生什么样的误解，想过吗？

是杞人忧天？是无事生非？是大惊小怪？事关教育，当然是大事。闲聊的一句话，倒把教育上的乃至制度上的许多问题暴露出来了，所以，这件事的确对我“震动很大”。

“嗯、啊、嘛、呀”，学生不宜

现今搞庆典或大型活动，少不了繁文缛节，在一个应当追求快节奏的国度，这是件令人心烦的事。但是我最怕听的不是官僚轮流上台做空洞无物的报告或信口乱扯，因为如果那样我完全可以做到充耳不闻。我最怕的是学生代表讲话或少先队代表致辞。——我希望说这样的话不至于引起麻烦。我是爱孩子的，我的少年儿童朋友很多，我对他们充满了期望。正因为如此，我特别怕那些一脸稚气的孩子拿着一张讲稿，一本正经地模仿大小官僚的姿态，讲一些除了他自己谁都不想听的假话、大话、空话、废话，或用奶声嗲气的腔调读一通肉麻而毫无诚意的祝词、献词，我从中看不到孩童的纯真，听不到青春的歌唱。孩子们出现在这样的场合，大概是有特殊的助兴价值吧。为什么他们的讲话中没有激情？他们是怎样学会那些假话、大话和空话的？孩子们这么小，就不懂得庄重与真诚，就学会了表演，那么，他们又会有怎样的明天呢？

仅仅因为他们有一个蹩脚的语文教师？我不敢相信。

有位毕业于师大的硕士，年过三十，弃教去报社，谋到一编辑职位。某次报社安排他替市委书记写一份讲话稿。老总说这是“重中之重”，于是让硕士住进宾馆，吃饭、洗衣乃至娱乐，均可签单。硕士抖擞精神，摸清路数，用了一个星期，替书记写好讲稿。到了讲话的那天，硕士如新嫁娘，心怀忐忑，特地坐到第一排，想听听书记有没有改动自己的“处女作”。四十多分钟的报告，硕士听下来，惊叹不已，说：“我起草的报告稿，他一字不改，只是在句子之间加了些‘嗯、啊、嘛、呀’，就读出了神气，就显出了架势。轻车熟路，驾驭自如，不得了！当官果然得有两下子！”硕士读了那么多年书，又在社会上浸泡了十多年，本当见怪不怪的，但是这中文系教科书上没有的“嗯、啊、嘛、呀”一下子就把他学的“现代汉语”震倒了。

我喜欢看学生的议论文，特别是那些充满思辨精神、体现独立思考、行文大气的文章，那些能用质朴的语言讲道理的文章，我也喜欢。我只怕学生小小年纪就用一套官腔写文章，虽说作文只不过是白纸黑字，但透过这白纸黑字，我分明听到了那抑扬顿挫的“嗯、啊、嘛、呀”！在官场假、大、空、套话盛行的时候，我是多么希望自己的学生能堵上耳朵啊！

不久前参加一次高中生作文大赛评选，比赛结束，要开授奖大会，新闻单位纷纷到场，因为要来不少官员。组委会忙了不少天，事先替一些要人准备了发言稿；主席台上安排各级官员，一个也不能少。官员依次讲话完毕，组委会安排获奖代表讲话。这位获奖的女生落落大方，说话也很大气，虽然只能站在主席台的边上，却吸引了全场的目光。她一开口就说：“我很庆幸自己可以不用讲稿在这里讲话……”我听了忍不住想笑：这位同学单纯可爱，她就这么“一点社会经验也没有”地实话实说了。可是她说出这句话后，我觉得麻烦了，因为台上讲话的所有官员都是照了讲稿念的，可能是级别不高的原因，有几位连“嗯、啊、嘛、呀”都运用得比较僵硬。非但如此，用了讲稿，还结结巴巴，读破了不少句子。这一比，就显出我们现在的语文教学还是有成果的了。那位女生很自如，侃侃而谈，充满了自信，显示出了应有的语文教养。她说：“今天我有两件最开心的事。”那一天是圣诞节，我在下面担心她说俗，可是她说的是，“第一是我能在这次比赛中，认识这么多同学和老师；第二是在高三的一天里，我还可以坐在这儿写一篇自己想写的文章。”——说得多大气啊！和那种“嗯、啊、嘛、呀”一比，就显出语文教学的实绩来了。

学生从一切可以学习语言的地方学语言，我们也见识过了：他们会套用报刊文章的“大帽子”，他们会咬住舌尖模仿明星说话，他们从网络上找到了许多新鲜的另类语言，他们也从粗野的里巷詈语中感受生活……语文教师应当培养他们辨识选择的能力，要让学生成为有语言教养的人。

当然，我这番话本来也许是应当对那些热爱“嗯、啊、嘛、呀”的人们去说的。

先生，你怎样说话

某地庆祝教师节大会，两三千名师生端坐会场，预定开会时间已经过了十多分钟，还没宣布开会，因为来参加大会的领导们还在路上。我们当过教师的人可能都有一种共同的体验，即学校里是不允许迟到的，教师和学生都比较守时。没想到官员习惯了这样不守时。市委书记、市长一行终于到场，在台下前排就座。会场沸腾，因为能亲眼见到市委书记和市长，对中小学生来说并不是件容易事。作为市民，天天在报上、电视新闻上看“市领导”活动，眼熟了，这会儿“市领导”亲自来到他的面前，他能不激动吗？某市不是曾有试卷让学生填出区委书记、区长和人大常委会主任的姓名吗？谁想到能亲眼见到“市领导”？

大会开始，教育局长介绍到会的领导，市委书记站起来，坐下；市长站起来，坐下；副书记站起来，坐下……但是台下一片哗然——因为“市领导”是来看演出的，坐在台下第一排。书记背对着全场群众站起来，他长得什么样，学生看不见；看不见，也就不理解：很容易的一件事，转个身，面向大家接受掌声，不行吗？

有意思的是，不但市委书记，其后的十几名官员，也全都背对师生起立，没有一个转身向大家致意的！

我想，那十几名官员，其中一定不乏聪明人，肯定知道身后的师生嘴里的“嘀、嘀、嘀”声是什么意思，但是没有一人提醒市委书记、市长转身，也没有一人敢于领头纠正，自己先转过身来。我们不妨揣摩他们的心理：如果他萧规曹随，不转身，人们至多说他胆小如鼠；如果他转身，有可能引来一片掌声，可他的官还想不想做了？

更糟糕的是官员当着教师、学生的面念白字。

有个市长在教师节大会上即席讲话，说："曾(zēng)几何时，我市的教育事业取得了长(zhǎng)足的进步……"—— 一句话读错了两个字！但是我想到这个市长既然不识这两个字，那肯定不止一次地读错过。因为这句话早就成了一种套话，各行各业都可以说，说不定市长已经错了好多年。但是为什么没有人提醒他呢？这可能与个人修养有关系，也可能和官场的潜规则有关系。我更难以理解的是，这句套话也不断地出现在新闻节目中，那就是说，这位市长先生是不听广播不看电视的；如果他能听一听别人怎样说，也不至于闹这样大的笑话。——除此之外，还有什么可以解释的呢？

想起另一件事。曾有市委书记在老干部追悼会上致悼词，说："……因病医治无效，……亨年82岁……"场上有人掩口胡卢，家属有意见，但是没有一个人敢去提。有人问他的秘书，怎么"享年"读成"亨年"都不知道？为什么会出这种笑话？秘书说，他念别字也不是一天两天的了，为官多年，参加了那么多追悼会，如果能认真听上两次，也能发现自己的错；他自己不知道纠正，我们何必让他难堪？

上面这些事，最严重的也不过是作风问题，尚未涉及个人道德品质；如果在遵纪守法问题上也无人敢提醒，那问题就更严重了。

我的遗憾则在于，过早地让孩子们面对这些事，会给他们纯洁的心灵蒙上难以抹去的阴影。

“小教二级”的喜剧

朋友老李，退休前在一家出版社任总编辑，职称编审。他到北京出席一教育研讨会，会议规模比较大，报到时让他填一份表。故事就出在这份表上。这份表要求填写何年何月毕业于何等学校，何等学历、职称、职务，有过何种奖励与研究成果，等等，让人心烦。本来，为了一个共同的目标，从祖国四面八方走到一起来开个会，说说话，交流一下心得体会，吃点特色大菜，玩一玩，谈得来就谈，谈不来就各奔东西，有什么必要对一个代表了解得那么细呢？老李一火之下，就依次填了“小学毕业”“小学教师”“小教二级”，然后填了一连串的“无”。会务组工作人员给他发了房间钥匙，他循着号码找到了下榻处，竟是楼梯洞旁一间小屋，仅容一床一桌，暗无天日，是全楼最差的房间。老李丢下行李，出去玩了。当晚到处有人找老李去开预备会，因为他是“常务理事”“主席团成员”。会务组什么地方都查了，偏偏没查阴暗小屋。到第二天早饭时，终于发现老李挤在群众中大吃油条，一副很堕落的样子。众人极恼，问他昨晚为何不参加预备会。老李反咬一口，说：“我一直住在这里的，有谁通知我呀？”事情搞清，原来他应当在“嘉宾”一组报到，不需要在“一般代表”这组填表。凡填了表，就会被送到这幢楼；又因为他填了“小教二级”，就被送到底层楼梯间旁了。众人哭笑不得，问他填写表格为什么要开玩笑。老李鄙夷地回答说：“只不过填了个‘小学’，就这么势利，还有什么要‘研讨’的？老子恨不得立刻走人。”

权当玩笑，也就算了。其实会务组也是好意，把老李当贫困单位来的，怕他回去无法报销，让他住最便宜的房间。如果是看他“小教二级”，学历低下，就欺他，这就太过分。老李耍他们一下，也让人解气。

也有另一种喜剧。现在有些人一到这种会上，就喜欢摆专家学者的派头，东道主反而买账。比如老李要是冒充从香港、台湾来的，待遇可就不一样了；要是他干脆不要脸，冒充日本人，说不定还会有小车接送，那会务组也许会步步紧跟，不肯离去。——不过到了那一步，自有公安局来收拾他，那就该算“诈骗”了。

我又不解：为什么正编审冒充小学二级教师就不算诈骗，如果小学二级教师冒充正编审，即使未行诈骗，会轻饶他吗？

美国人有新论，说一国之内，专家比非专家多。美国人是什么话都自以为有理，可是他们把“专家”的帽子满天抛，在“待遇”上却是一毛不拔的。远不如我们这边，有了头衔就有了一切。有个教育局长，退休前装作不经意地告诉别人自己已经是“研究员”了，大家不便多言，谁都知道这年头凭权力什么都是囊中之物。话传到七老八十的前任教育厅长耳边，此公淡然一笑，说：“如今研究员、教授，一毛钱买十二个。”——什么意思？——“一分钱不值。”话说到这儿，就很让人同情那些明珠暗投的饱学之士。如今世道，什么人最冤？就是被埋在假货海洋中的真家伙。

我疑心物极而反。到了那一天，倒是像老李那种走到那儿填上一个“文化程度——小学毕业”“职称——小教二级”的，可能会让人另眼相看。

让我们静等那一天的到来吧！

论“三小一好”

这里所谓的“三小一好”，本是早些年谈学校工作存在的问题时顺便做的归纳，是指“小农经济观念、小手工业者的经营方式、小市民习气”以及“自我感觉良好”。一些教师认为这些毛病好像不止文教单位有，仿佛到处都能见到，程度不同而已，是社会病。

插队当农民时，听农人自诩“全村第一”，常常是自吹能吃，如“干饭八碗，稀粥一锅”，我过了很长一段时间才认识到这不是什么技能，而是饥馑造成的一种悲惨。我们那里的农民说到吃，喜欢说“好吃莫过大蒜炒肉丝”，犹如北方人说“好吃不过饺子，舒服不如躺着”。这一类的精神向往，实在已是他们最高的境界了，所以暂时不会再有什么高层次的追求。倘有“山那边哟好地方”的启蒙，他肯不肯放下手上正端着的“大蒜炒肉丝”或饺子，就是一个问题，当然，前提是要有“大蒜炒肉丝”或饺子。

本来，一方水土养一方人，习惯成自然，不足为奇。但是因为夜郎自大，老子天下第一，视力半径也就不过三五百米。现在米饭也有了，肉也有了，饺子也有了，他也满足了。满足之余，他倒要作怪，怀起旧来，非要说自来水不如河水洁净，电灯不如油灯有情调。苏南人过去把猪养在家里，臭气熏天，是因为猪是重要财产，怕人偷，——现在要提这样的话题，等于掀人家的老底，是颇让人尴尬的，——于是有人告诉我，把猪养在屋里，是因为这样的猪肉嫩，你看苏北的猪，放养在外乱跑乱拱，弄得和野猪差不多，肉老得咬不动。

做了官，地位变了，职务变了，经济条件好了，“三小一好”便以新的面目出现。害怕监督，只提过关斩将，不提走麦城，自大的习性保留下来，总认为天下还是老子第一。肚子刚吃饱就满足，衣裳刚刚光鲜一点就眼光傲视四邻，修了一条路就说是“世界水平”，楼高了几层就称“高耸入云”，“政绩”如羽毛吹上天；喜欢自称“父母官”，喜欢说“造福桑梓”；乌纱小帽金不换，排衙视事，总要找几个人的屁股揍一揍，否则倒像自己没有面子一样。官做得并不大，胆子却大得吓人：他可以对主义信仰盲目到一无所知，但自以为是嫡宗真传；他是法盲，所以目空一切；他一本书也不读，但是能管倒读书人。他败国损公，但是从来不会败家。如让他为政一方，他在决策上会因为胡说八道而造成重大损失，但是他在家庭开支上会无比审慎，因为这是他自己家的“猪”，他还要把它养在屋里。

所谓“手工业者”，本指作坊主，因为加了个“小”，所以只能是木匠、铁匠、箍桶匠、补锅匠之类。小手工业者的特点是什么？就是“搞不大”。因为苦心摸索，在师傅的棍棒和詈骂之下学得一点谋生的手艺，实为不易。因此那一点安身立命的本领，到死才能“传媳妇不传女儿”。小手工业者出名，从来都是一个，不会是一群。正因为称得上绝活，所以只能个体享用，看家本领、秘诀金箴从不度人。不信请看，那些有点致富经的，第一懂的是“同行是冤家”，教会了徒弟，必饿死师傅，他甚至宁愿把那一点点技巧带进棺材，也不愿意造福一方；他害怕联合，反对规模生产，唯恐绝活公开，宁可十世单传，使自己富甲一方，以能工巧匠为满足，这不是狭隘又是什么？其实这不过是换了形式的小农意识。小手工业者有了一点名气也会飞扬跋扈，觑众人如无物。有这样的心态，小手工业者的经营方式是注定“搞不大”的。我们可以看到这样的情景：一条街巷，两头各有一个皮匠，各吹各的，老甲吹自己的锥子好，老乙吹自己的麻线一流，老甲说自己补破鞋第一，老乙称自己整臭鞋出香，然后老甲说老乙水平低，老乙说老甲当我的徒弟我嫌他笨……然而到头来两个人成了什么？还是补鞋匠！老甲和老乙能团结到一起去开发修鞋技艺吗？为什么中国缺少诸葛亮？就是因为中国讲山头门派的臭皮匠不可能组成“皮匠集团”！

至于说小市民习气，一般不过是明争暗斗，飞短流长，吹牛拍马，拉帮结派等等，其实也不尽然，层次有高低，手法有新旧。请客吃饭不会是因为要一展内厨功夫，斗富排阔并不是要做第一，弄一张文凭未必是要增益其所不能，高讲团结的偏偏内战内行……进入新时代，小市民习气的表现也就有了新的形式。这小市民习气本该是最为官场所不耻的，尤其是当一个新官带进庸俗的风气时。但现今似乎不然，官做到了高层，小市民习气仍旧浓烈，低级趣味长足进步，已经升到相当地位很有点级别了，互相“协作”一下，谈个事情，地点还要选在酒桌上、夜总会里或桑拿浴室中；任用一名干部，先得从自己的利益圈子里反复搜索，以自我为中心，以亲爱程度为半径；用人绝不从德才角度考虑，非我族类，锄而去之。任何法典制度，一到了他的人际关系网上，全部感染上病毒，他可以根据自己的需要歪曲篡改。不但在官场，即使在知识阶层，这种小市民习气也相当浓烈：为评教授也得行贿，考博士也需送礼，斯文早已不再，而教授打架耍流氓，早已不是什么新闻。

还有“一好”，即“自我感觉良好”，尽人皆知，没说的。

破除“三小一好”，不可能靠开展几次运动来实现，甚至不能期望一二百年就解决问题。落后的东西总是伴以顽固，并能不断地孳生着新的表现形式，形式的不断更新，又顽固地延续着它的生命。可以说，改革开放的任务之所以艰巨，也许正在于这“三小一好”的顽固性。而旧观念、旧方式、旧习气是从来不会主动退出历史舞台的。我出此论，无他，只不过是闲来无事，顺手把某些斯文包装撕下一个小角。

现在轮到糟蹋博士

一个个的名词被糟蹋了。

“同志”，原本让人多么激动的一个词，生生地被扭曲到同性恋上去了；“小姐”，多雅的尊称，从旧词中复出不过十多年，几乎成了蔑称；“公仆”，多庄重的比喻，竟成了讽刺；现在，他们又来玩弄“博士”了。

想当年，做“博士”有多难啊！其他不说，光是在校读书就得20多年，还不一定能得到、挣到那顶帽子。20世纪90年代初，传去海南开发能大发，文化人下海南炒地皮，炒楼盘，炒批文，抢第一桶金。没捞到的，就在街头卖所谓“博士饼”。其实那时卖饼的真博士也许根本没有，至多有个把硕士、学士，以博士之名招引社会关注。如果说那时博士就以卖饼为计，那也许是说博士早就不值钱了。

都说现在的官员学位普遍走高。我不知道数据，不敢乱说；知道数据的人又不大好意思说。这就很麻烦。十多年前，在报上看到某著名大学聘请一名副市长为硕士生导师，大为惊讶，因为那位副市长非但没有上过大学，而且是那种言谈经常要闹点笑话的官僚，以那样的文化程度能带出什么样的硕士呢？好在那所大学以后就不大著名了。

后来就知道官员中博士也很多了。在职干部，或是因为水平低，或是因为工作忙没有时间，或是因为没有真正的兴趣，连课也没法听上几节，但是却做起博士来了。论文也不愁，导师会请人代做，——官员平时做个报告都得要别人起草，哪里会写什么论文？他只会做他经常做的，出席个开幕式，剪个彩，至于什么叫“开题”，他是不懂的；再说，他平时是一言堂主，什么时候能让平民质疑答辩？

我不明白，做了官，头衔已经一长串，何必非得再要这个“博士”？20世纪50年代侯宝林说相声，说那时社会流行的模样是中山装左上口袋插支钢笔，笔帽舌头别在外面，以显示自己是识字的文化人；插一支的，是中学生，插两支的，是大学生。“那么插三支的呢？”捧哏郭启儒问。侯宝林说：“那是修钢笔的。”——所以，头上的学位多了，文凭多了，头衔多了，很可能和小贩子一样，满身挂。

今春两会期间，代表、委员纷纷批评高校出卖文凭，让一些权势人物去混博士学位，有人连课也不听，论文也不会做，而学校竟然实行三包，连论文也找人代做。说穿了就是一笔交易：我送你一个博士，你负责批土地、资金和项目给学校。大家就这样“买进卖出”，只可怜真正20年寒窗的真博士，只抵得官人手上的一枚图章轻轻敲一下。

礼多人也怕

国外很多大学没有围墙，有些中学也没有围墙。没有围墙，也就无所谓校门，有些学校路边立块石碑就算大门。这样，学校也就和社区、城市融为一体。学校不设围墙那样的好事，以我有生之年，可能看不到了。

中国的学校不能没有大门。因为有大门，就有了门岗。我供职的学校，前身是中央大学附中，归当时的教育部直管，因而就有所谓“校警”，每天正儿八经扶着步枪立正站岗，比如今的“重点中学”“示范性高中”的谱大多了。那时候，守门人称作“门房”。一般学校的门房好像都是年纪比较大的职工，他们熟悉学校，甚至熟悉师生，因而“门房老大爷”简直成为当年校园必不可少的一部分。

但是前些年，校园的围墙越修越结实，“门房老大爷”纷纷被各路保安队取代。这让我们的安全神经绷紧了。我到过不少学校，各地学校保安的着装让我大开眼界。有的一身皱巴巴的像地方民团，有的武装带加大盖帽像盖世太保，有的戴贝雷帽像海军陆战队，有的绶带加肩章像北洋军……这些五花八门土洋结合的制服颇有割据时代的色彩。保安肩头佩着对讲机，在校门口很威风地走来走去，除了车臣、阿富汗和伊拉克，还有哪个国家校门口有这般风景的?

近年，校门口又有新节目。有次出校门，保安忽然立正朝我前面一位教师行了个美式军礼，我立刻惶惶然：什么时候规定进出校门要行礼的？怎么没见到有关敬礼的通知？这保安如果向我敬礼，我该如何还礼？我无师自通地想到：如果他朝我敬礼，我就说“稍息”。可是直到我走出大门，那保安竟像是没见着一样木然，而且站姿也懈息了。后来才知道，他们只向校级领导和分管治安的中层干部敬礼，教师不在致敬范围，所以我也用不着说“稍息”了。隔数日坐车到分校去，一声喝令，两名门卫动作整齐，朝轿车敬礼，我连忙朝窗外喊“稍息”，可惜他们听不见。后来听司机解释，才知道是我自作多情：他们那个礼不是朝我敬的，因为这是副校长的车。别看我们不认识他，他可把我们的级别摸得一清二楚。那以后看《天下无贼》，方知刘德华教训小区守门保安的那番话的确有道理。

但是有些东西不能让小孩子去模仿。现在有些中小学校，每天早晨和中午，大门口都有两排学生值勤，他们的任务一是查迟到的学生，二是向教师问好。也不知从哪里学来的，学生一律斜披红绸带，既土气又俗气。有人说，这披红绸带是从北方学来的；北方的校长说，可能是日本那边传来的；到过日本的教师说，日本中小学没这回事，以前日本农民游行示威或工人罢工都斜披标语，但那也不是什么红绸带；又有人说，是广东那边传来的；广东的老师回忆说，这肯定不是学校发明的，可能是社会向宾馆礼仪小姐学来的；又有人说，好像北洋军阀时代军队里就有，以后座山雕也让杨子荣披过这红绸带的……总之，现在城市的中小学生每天都很俗气地斜披着这种红绸带站岗值勤，许多地方的学校都这样，几乎成了风气。某次路过一小学，那值勤学生个子矮，红绸带已经拖到地上了。不但斜披红绸带，还要呼喊。队列中有位领队学生，如果看见教师走来，他就大喊一声“敬礼”，其余学生则齐呼“老——师——好！”我进出校门，很不自在，很怕那冷不丁的一声猛喝。尊师无可非议，但不必采取这类形式。

孩子还小，能否不要这样折腾他们？学生要像学生，至多别个胸卡就行了，千万别让孩子们那样披着，多难看呀。如果认为我的反对是小题大做，那我建议各校校长、主任斜披红绸带在校门口体验一回，如何？

真怀念以前的校门，虽然破旧，虽然门房老大爷不会立正敬礼，但是很亲切，让我感觉到，那是我和学生的第二个家。

“父利其然”是祸根

如果有学生想当少年作家，出版一两部作品，比一二十年前要容易得多。当年读中学时，老师动不动就批评一些想当作家的同学：“要踏踏实实地学习，不要有名利思想！像刘绍棠，上中学出了一本书，结果呢？——右派！”

偶然看到中学生喜欢的几位作家名字，不认识，请教学生，原来就是所谓“80后作家”。据说很多人试图走这条路。今年一些大学自主招生，不少家长带着子女出版的作品集到高校自荐。我受人之托，也翻过几本，觉得没有什么价值，有些甚至不如我自己学生的作业，竟也出版了，也有名流题词，名师作序。于是想到，运河边的孩子刘绍棠当年还是很朴实的。

为什么这样急于事功呢？根子往往在家长。

十几年前的一天，有教授携礼来访，让我看看他孩子的作文。教授告诉我，他孩子被人称为神童，有写作天赋，有名师点拨；而且名师看过他的文章后赞不绝口，使着劲拍自己的大腿称赞，说虽然是初中生，文章比本科毕业生写得还要好！教授说罢，拿出一大包文章复印件（他单位的复印机可倒大霉了）分成若干份，请我再转给有关专家，望能作为“文学新星”向刊物推荐，并让刊物“推出”。

我看了那孩子的作文，觉得一般。他读过一些文学书，很勤奋，文章有比较明显的模仿痕迹，中规中矩，但路数单一，少了些灵气。于是我对那位“名师”的盛言敷衍甚不以为然：你为什么不明告他的家长，不要急，慢慢来呢？你为什么要不负责任地乱捧他呢？他的家庭对你有帮助，你可以用其他办法表示感谢，无论如何不能去捧他的孩子，误导他走错路，让他长时间生活在虚幻中。

后来我没有向有关刊物推荐，我认为那样对孩子没好处。教授对我有意见，认为如果能作为“新星”介绍出来，对孩子的发展更有好处。由于教授可利用的关系多，孩子发表一些习作也很容易。但我认为，才十五六岁的孩子，不该追逐声名。况且，家长应当知道名利是双刃剑，以写作而求名，违背了写作的本质，孩子失了“真”，不会有什么大出息。我宁可得罪他们。

今天，当我听到、看到在家长的摆布下，小小年纪的学生学会了自我炒作时，感到特别担心。他们不懂什么是教育，他们的眼中只看到名利双收，看不到真性情的毁灭。

前些年，有位高中生的考试作文经媒体渲染，引起轰动，他的母亲在电视台介绍孩子的成长经过，他的老师在报上介绍教学经验，他的母校借机大谈推行“素质教育”的成就……与此事沾边的人无不自得其乐。我为那位同学感到惋惜。据我的经验，逐名的环境最终是才情的沙漠，得有无比顽强的意志，才能让自己的根须触到水源。而有朝一日，江郎才尽，所有人都会责备他的不勤奋和愚钝。当时那位同学不懂世态炎凉，否则他会很清醒地远离尘嚣。而当他背上沉重的包袱，写不出一篇像样的文章，泯然众人时，先前捧他的人早就转捧另一拨小孩子去了。——中国什么时候缺少过渴望出名的人？

根子在哪里？《伤仲永》中早就说得清清楚楚：“父利其然也，日扳仲永环谒于邑人，不使学。”——“父利其然”是祸根。

细节是个魔鬼

几年前的事。有位学生家长来校开家长会，每次都感谢老师们的辛勤工作，使他的孩子克服了心理障碍；他说，他很注意孩子的思想政治素质，对孩子和什么人来往一直密切关注，从来不让孩子上网看乱七八糟的东西；他对学校重视教育教学、重视学生的人格养成表示赞赏，他去了好几个办公室，访问了每一位任课教师，对如何教育他的孩子，向教师提出了比较高的要求……来过几次后，老师们感到这个家长言谈虽然有点做作，但好歹还像个正统的机关干部——这位学生家长是处长。

可是有一天，有人发现他正和门卫争吵，口出恶言。门卫说，这个家长最傲慢，每次到学校来都用公家的车，还要把车子开进校门，开门动作稍慢一些他就威胁："小心我告诉校长炒你的鱿鱼！"门卫说，不但他，他的孩子也很傲慢，进出大门目中无人，从来不知道向别人打招呼。

这件事传开后，处长先生每次再来，大家都觉得他的假正经已经毫无价值，没有教师愿意多听他表白。处长可能有点不明白，为什么以前教师见到他都比较"买账"，而现在怎么都有些不耐烦了？

细节真是个魔鬼，就能这样让假戏塌台。

有人评论几个校长，说某人当年骂学生出国留学是崇洋媚外，现在则成天打听在国外学生的地址，因为他说"要把孙女儿弄出去"；有人说，某校长当年宣讲传统，绘声绘色，就像自己参加过"三一八""一二·九"似的（其实1949年他还穿着开裆裤呢），可是每年招生，搞了许多钱，家中收受的礼品堆了半间屋子；又说起某校长，是沽名钓誉的老手，什么荣誉都往自己头上套，后来退休了，没有人听他介绍经验了，没有记者争相围着了，竟得了抑郁症……

我们的时代，已经比较讲求实际，人们不大容易激动，这是对早些年假崇高、伪神圣的报应，从这个角度看，当时那些瞒和骗的老手们罪莫大焉。就像那些“教育家”们的言善行伪，把人们心目中历经多年艰难保存下来的向善性弄得昏乱不堪，几代人都恢复不了，他们有罪。

其他诸如“左派秀”和“感动秀”，都是政客的拿手好戏，成克杰、胡长清和王怀忠等人都玩过，还骗到过不少百姓的眼泪，后来终于演砸了，掌声变成了一声枪响；再后来连枪也不用响了，注射。

是慈善，还是伪善？

某地慈善学校来访。来客介绍说，学校由乡里一巨富投资数亿元建设，每年办学经费数千万元，苦于经费用不完；教师年薪很高，待遇极好。我对此并无兴趣。客人又说，学校从全国各地招收贫困学生，包吃包住包学费，还给零用钱。我听了觉得有点意思，毕竟我们中国也有慈善学校了。

说实话，我对一夕而起的暴发户始终缺乏信任感。依愚见，在短时间内按正常经济规律不可能赚到的财富，如果竟然赚到了，那就很可能带着某种罪恶，其中可能有纳税人的汗水，可能有民工的鲜血，可能过多地侵占了国家公共资源，甚至有我们想象不出的不法勾当……在扶危济困的事业上，我只信任那些用自己的血汗挣来的干净钱，只有那样的钱，在捐给穷人时，才有可能获得幸福的感觉。我这样走神地想着，没在意客人的喋喋不休。

然而客人说着说着，就说出麻烦来了。我没想到，这所学校招收贫困学生是有条件的：接受施舍的学生“必须是当地中考的前20名”。可是前20名学生未必“特困”，而且这种水平的学生，以后考取名牌大学的几率极高，因而大有赞助的价值。——如此“慈善赞助”，实在就有点伪善了。据客人说，该校招生造出的影响不小，每到一地都能让省市政府出面接待，这对学校背后的财团来说意味着什么？客人一再告诉我，他的老板是真的慈善家，慷慨得不得了。我没法对他说什么了，只得说了一句：真正的慈善家是没有钱的。

说着说着，又说出笑话来了。客人炫耀说，他们的学校“招收贫困生时很注意学生的相貌”，“学生长得都很帅、很靓”，“女生身高1.55米以下的不要，男生身高必须在1.65米以上”。

——这一回我差点要笑出声来。也就是说，即使家里穷得揭不开锅，即使品学兼优，即使进了前20名，如果长相不帅不靓，也别想得到“慈善学校”的一分钱。这样的学校，也配称“慈善学校”？我看这连旧时代的“育婴堂”都不如。孩子长得不帅不靓就不值得资助？我真想知道这所“慈善学校”的董事们长得何等模样，竟能想出这么个“办学特色”！

土豪就是土豪，即使刻苦学，也装不了斯文，三两下，老底子就这么露出来了。

近些年来有个错误倾向一直没得到纠正，即不管什么人，只要肯办教育，愿意对教育投资，就得肯定，就得给予支持，而不考虑他的钱是否干净，他办的是什么样的教育，培养什么样的人，是否有办学的资格。因而时下借办教育为名玷污教育的人实在不少。我之所以对这种“挑选相貌端正的贫困生”的做法感到厌恶，不仅因为它和文明时代所倡导的教育理念格格不入，还在于它披着慈善的外衣，欺世盗名，这种伪善，比冷漠更坏。冷漠伤害的是贫困的群体，而这种伪善却在贫困群体中制造进一步分化。学生因为面相不美，因为身有残疾，乃至身高达不到老板定下的标准就得不到赞助，就只有失学的资格，那位21世纪的老板的文化教养，可能还赶不上旧时代土财主的水平。

我们的社会正在开始正视贫困问题，这与一度不承认贫困或漠视贫困的做法有了根本性的变化。贫穷不是过错，伤害贫穷者则是不能容忍的罪恶。我主张全社会关心扶助穷人，但是我反对漠视贫者尊严的表演。对那种扶助贫困学生却要他们面对新闻记者镜头的做法，我强烈鄙视……很多美好的事物，一飘到这块土地上，就会沾上铜臭，就生出土豪气，就变了味儿。没有信仰，没有胸襟，就会像这样见什么糟蹋什么。

由此想到，媒体应当多多介绍世界上真正的慈善家，介绍他们的懿德高行。如印度的特蕾莎嬷嬷、我国台湾的证严法师，她们原本一文不名，全凭德行，募得大批善款，救助贫弱。她们自己苦行，分文不存，把爱传遍人间。特蕾莎嬷嬷谢世，印度150万老百姓为她送行，贫老乞儿，无不对着苍天讴歌，那种场面，让人们懂得了什么是真正的博爱。

第六辑　出没风波里

“不是爱风尘，又被风尘误”
——反思南京教育界的一场讨论

一场尴尬的讨论

南京教育界的8月，也如南京的气候一样，又热又闷。2004年7月上旬，《扬子晚报》一篇《追问南京“高考之痛”》引发了一场尴尬的讨论。之所以尴尬，乃是在错误的前提下根据错误信息，就一个严肃问题展开了一场不认真的讨论，参与讨论者都从个人角度去理解高考。

争论的起因据说是2004年高考南京本科录取人数比前一年少了600人，比例列全省倒数第一（一个月后发现消息有误）。于是记者做了文章，称之为“高考之痛”。这种有倾向性的报道很具煽动性，一下子就把市民“参与”的情绪调动起来了。有报道引用市民的话，认为素质教育没有用，教育局不抓升学率，南京的学校没有像苏北一些学校“死揪”（流行于江苏教育界的一句话，即加班加点、拼命抓升学率）。不可思议的是，报纸引用了一位“马同学”的诉说：“南京六中的马同学今年高考成绩528分，原本成绩不错的他对高考之痛感触颇深。他在电话里说：‘高中三年学习中，学校教学只有80%的时间和高考有关……学校用上课时间给我们组织社会调研、第二课堂等素质教育的内容，占全部学习时间的两成多，但这些对高考没有用，我真后悔当初浪费了太多时间。’”——这些言论都在不加说明的情况下堂而皇之地登在一家发行百万份的晚报上！市民、学生对国民教育性质的理解到了这种程度，作为教育工作者还有什么话可说？我至今也不明白报纸为什么不加说明地引述这样的“民意”，它想告诉公众什么呢？“社会调查”是课程计划中的重要内容，而如果学校教学100%地和高考有关，那学校还是学校吗？

这场讨论的尴尬之处还在于，它把教育界力图弥合的一对矛盾进一步分裂，它让一场原本比较专业的讨论庸俗化，它逼使教育行政部门表态去做违背教育理念的事。说它是一场尴尬的讨论，又在于角色的尴尬：攻方很想理直气壮，无奈应试教育毕竟不是先进文化，“死揪”又不同于旧时代的寒窗之道，在教育界不过是个只能在里巷鼓噪，不登大雅之堂的泼皮，故执论者难以自圆其说；而守方本该理直气壮，无奈“升学率”如温饱，事涉千家万户，故不敢忍饥挨饿说小康。

南京中等教育的状况和全国大型城市差不多，总体情况尚好，执行教育政策比较规范，在重视学生思想道德教育、减轻学生负担等方面的工作一直很有成效。在江苏省各市中，南京严令禁止中小学假期补课，禁止周六、周日上课，是层层检查落实的。在贯彻素质教育方面，做了许多工作，不吹不骗，近年在课改、教师专业发展等方面已经采取了一些举措。有行家预计，随着国家课程改革的推行，再过三五年，这些效果将显现出来。孰料就在此时，媒体借高考升学率问题发难，没用多大力气就把刚刚有所好转的局面弄得极为难堪，出现了对课程改革不利的舆论。广州有行家发话，说，在这种时刻讨论这样的问题，实在是“南京之痛”！

换个角度去想：是南京的教育因为摧残学生不力而挨骂。

市侩主义的教育欺世盗名

南京的这场风波恰恰出现在国家第八次课程改革即将全面开始之际，耐人寻味。

我们面临的究竟是一种什么样的教育环境？8月，高校招生还没有结束，在江苏某市一家宾馆看到“2005年高考备考研讨会”，人头攒动，比“文革”中的“备战备荒”来得急迫、扎实。打开报纸，整版大吹大擂的高考复习班招生广告，自诩灵丹妙药的各种教辅资料广告；名师如跑江湖的“老军医”，打一枪换一个地方，拉起红布横幅做“带功报告”；专做教辅书生意的书商，年产值亿元以上的富户已有一大群；值得一提的是，靠教辅资料赚钱的神仙中，有些是让学人肃然起敬的出版社，有的甚至是革命年代让我们敬畏的机构，现在都率先失节了……面临这样一个越来越落后的教育环境，出现南京这场尴尬的讨论也就不奇怪了。

时下教育界盛行的是一种市侩主义，而所谓“教改”往往也是欺世盗名。很多地方的教育祭出“两张皮”：素质教育是一张“与时俱进”的“政治皮”，应试教育是一张迎合世俗需求的“政绩皮”。有教育官员私下谈教育危机，说现在一些校长和当年的伪保长一样，八路军来了，他提供情报，鬼子来了，他也交粮食。油嘴滑舌，左右逢源。让人不寒而栗的是，众多官员不以“两张皮”为羞耻。不止一次地听说，主管教育的高层官员大讲新教育理念，而一旦改任地方官后，私下关照教育部门：“素质教育是说说的，一定要把升学率‘揪’上去！”成则为王败则寇，一小批高考精英的成绩掩盖了全民整体素质教育的苍白，庸俗的风气盛行于教育界。

在一些教改先进学校，有两套课表，一套是实际运行的，一套是备上级检查的。我一直很疑惑，这是一件极其容易揭穿的把戏，检查者只要在学校待上一天就能发现问题，为什么从来没见揭露？很简单：一级骗一级，大家自己骗自己。我们的学生就在这种极其混乱、卑劣的思想环境中长大，也学会了万事不认真。

在基层学校，校长们在强大的社会压力下，不得不把升学率当作生存的生命线。于是我们看到了这样的现象：教师工作了一二十年，专业没有得到任何发展，但是搞纯粹的应试教学，却使他们成了当地的名流。因为有高升学率的支撑，一些人便可以肆意歪曲素质教育的本质，以应试教育替代一切。他们根本不想改革高考，也不愿意课改。如果哪一天，课改全面有效地推行了，高考改革了，一些“名校”的光环就将黯淡下去，一些“名师”也将原形毕露，出版社、书店的经济效益也会大滑坡，也就是说，“高考政绩”和“高考经济”都将受到影响。

在江苏教育界，有一个习惯说法，就是“苏北教育靠死揪”，这种概括不一定准确（况且在这个问题上，苏南也直追苏北），但是事出有因。苏北的一些校长也知道这个说法伤面子，公开场合不愿认同。和苏北一些教师交流时，发现他们对“半个月休息一天”或“每个月休息一天”已经习惯了，但是他们也承认那不是素质教育，对从高中一年级起就给学生灌输高考意识极其反感，一些有思想的教师写下的愤懑之言在网络上流传。十多年前，在参观苏北一些县级“名校”时，就发现校园墙上公然刷着“想一想，你的户口在哪里？”“面壁三年跳农门”，——这类标语曾经引起过教育专家的愤怒，但这些学校顶着压力熬到今天，终于形成了强大的应试教育势力，反过来给新一轮课改造成巨大的压力。我也奇怪：这些教师熟知、社会熟知的情况，为什么从来没有真实地反映在媒体上，变为公开的信息？高级干部如果非要等到发现孙子做作业累出了病，才知道小学生作业负担有多重；非要等到孙子高考失手，才知道应试教育能葬送人的前途，才知道要抓素质教育，那是多么可悲的事！

此番媒体发难，批评大城市教师不如县乡级教师敬业，说了一些现象，有些也是事实。但是批评援作对比的事实让人不敢赞同。有校长、家长说，苏北的一些应试名校，“高三教师从早上6点半到晚上10点半一直在校陪伴学生，南京为什么不这样做？”——对此也让人无话可说。有关高三教师连续工作16小时的情况，早就不是秘密，那是一种带有强制性的教学管理手段。有的学校明说那样做的目的是为了对高三学生实行强化封闭训练，有的学校私下说明是“为了控制教师搞家教”，但从来没有人以之为“敬业”。在那样的学校，教师、学生每天究竟在教室待多少小时，那样做是否符合青少年保护条例，是否违反了《劳动法》，我没有兴趣去研究。我从未从官方表彰先进、弘扬师德的各种经验介绍中看到“教师从早上6点半到晚上10点半一直在校陪伴学生”的事迹，可见那本是秘不示人的做法，而现在竟公然作为“敬业”经验宣扬起来了。我想知道，支持这种做法的家长，有多少人愿意让自己的孩子以后报考师范院校，让他当一名“从早上6点半到晚上10点半一直在校陪伴学生”的“人民教师”？那样的教师，是教师吗？

我一直很困惑的是，如今大家都声称学习“三个代表”，而举国上下高度重视的高考并不是先进文化。有落后的教育，所以有落后的考试制度。我们要尊重现实，然而高考实在不是个理想的制度，它有很多不合理的地方，但以目前的社会条件，我们不得不采用这个制度，因为它毕竟还比较公平，——我甚至想说得难听一些：以目前社会的文明水平，我们也只配用这个制度。教育是富有理想的事业，为什么总要给它塞进功利的实质呢？群众对教育改革缺乏了解，有疑虑，这可以理解；而有那么多专家、教授和学者鼓吹应试教育，有那么多教师以高考升学率为专业追求，看来中国的教育只能继续落后下去了。

中国能不能在本世纪消灭高考，是关系到中国能不能在21世纪成为发达国家的大问题，现在顽固地坚守甚至主张发展应试教育的任何不负责任的言行，都会被记录为历史痕迹，一朝悔悟，如同手上沾过无辜者的血，心灵的阴影一辈子也洗不净。

“不是爱风尘，又被风尘误”

也许把那种疯狂的应试教育比作“风尘”是刻薄了一些。在金钱至上的社会里，理想的教育总像个置身于染缸边的弱女子，一大群士农工商不停地在她耳边聒噪：“失节事小，饿死事大。”

和许多教师一样，我对围绕南京“高考之痛”的讨论感到郁闷，一直静听各路英雄评论。直到9月开学，发现教育局终于顶不住社会压力，不得不做出所谓“积极措施”，才叹息素质教育仍旧不是习惯势力的对手。不是爱风尘，又被风尘误。经过一番折腾，南京市教育局不得不“与时俱进”，做出了一件他们多年咬紧牙关不肯做的事：星期六上午补课。对外叫作“加强星期六辅导”。无谓的讨论导致倒退，南京终于被拖下水，成为“死揪”队伍中的新军。尴尬的讨论造成了群众思想的进一步混乱。同样是《扬子晚报》的消息，南京金陵中学高一新生军训8天，第4天就有两位家长气势汹汹地冲到学校质问老师，说：“我们的孩子来上学是为了考上清华、北大，不是来当兵的，你们简直是浪费时间。”无论老师怎么做工作，他们还是坚持把孩子带回去了。（《扬子晚报》2004年9月2日）一些有经验的教师担忧地说，以后的麻烦更多了，不排除发生各种悲剧的可能。

我所在的学校多年来一直保持较好的教学传统，很多教师坚守正确的育人理念，坚持科学的教学方法，不加班加点，重视素质能力培养，学生素质高，升学率也高，进入高校学习总能取得不错的成绩。为适应高三的应试，在部颁课时规定“445”（语数外高一高二4节，高三5节）的基础上，调整为“446”。但是经此“南京之痛”，学校改成“448”。一个星期上8节语文课干什么？我这个老教师困惑了。因为内行知道，如果每周6节语文课高考能考个105分，而每周8节课不一定能考出106分，甚至也有可能倒退回100分以下！到那时候，“南京之痛”则又有可能变成“南京之乱”。

问一位教育行政干部：就要在全国推行课改了，为什么不再咬咬牙坚持几年？回答是：方方面面压力实在太大了，挺不过去了。开玩笑的人说：鬼子就要投降了，这时候“下水”岂不是太窝囊了？回答是：鬼子投降了，就没有人当汉奸了吗？

具有讽刺意味的是，高考招生结束时，发现南京的录取率高于全省水平，原来南京艺术、体育类考生比较多，仅艺术类便有2535人上本科线，这体现了城市学生的某些优势。顺便说一句，城市学生的职业取向多元化，是经济发展的必然结果。弈秋的学生听课时思援弓缴以射鸿鹄，千载而下，被认为是“差生”，而现今有条件多元选择，学生为什么非得学下棋呢？在南京的这场讨论中，人们忽略了以下根本性的问题，即：学生希望得到什么样的教育？他们渴望得到什么样的发展？他们接受什么样的考试形式？

在新一轮课改即将开始的时候，一盆浑水就这样劈头盖脸泼在素质教育的脸上，保守落后势力又看了一次笑话。——且慢，我们必须清楚，举凡涉及教育的任何错误都不可能由某个群体或个人来承担，生活在这个制度下的所有人都得“享受”其后果。

在教育发达的国家，很少有这种全民性的教育大讨论，因为他们把教育当成科学，认为是专家的事。即使教育圈内，专家学者发表意见也极为慎重，因为事涉人的发展和命运。什么人都可以对教育指手画脚的时候，教育也就没有了尊严，也就必然要走向落后。也许那几位青年记者根本没去想一篇报道会给南京的教育带来什么样的后果。2004年南京教育界的这场风波，还会在其他地方上演。很多人在这样的思想冲突中展示了个人思维的品质和价值取向，至于理智还是昏聩，得由后人评说。

顺便说一句，高考已经成为中国教育发展的瓶颈，如果高考不改革，21世纪中国的教育将严重制约政治经济的发展。为保证课改的进行，必须有这样的原则：不能让课改靠拢高考，而是命令高考顺应课改。

2004年9月5日

（《南方周末》2004年9月16日）

有关“高考之痛”讨论的一些感想

拙文《“不是爱风尘，又被风尘误”——反思南京教育界的一场讨论》在“众议”版刊出后，得到很多读者回应，特别是教师同行给予特别关注，我很感激。文章发表时编辑补注了我的工作单位，方便了读者和我的交流。

南京教育行政部门一些同志来征求批评意见，探寻改进工作的良策。南京大学一位读者来信，指出拙文中一处错误，告诉我，南京不是“星期六上午补课”，而是全天补课。山东威海一位记者来电，提供一些地方“教育造假”的事实。江苏的一位教育前辈来电，希望以后不要再称“苏北的‘死揪’”，说苏北一些中学开始注意形象，近年科研颇有成绩；在应试方面，苏南直追苏北，速度极猛。无锡一干部称，在苏南某市，任何一名高三学生都能知道自己每次高考模拟的全市排名，也就是说他能知道自己在三四万人中是第几万几千几百几十名，而这样的信息系统绝对不是一所学校有能力完成的。

热心的同行也提供了各地教育统计数据及种种奇特的统计方法，我对这些内幕感到惊讶，虽然它在某些部门早就不是秘密。各地同行对教育腐败（特别是令人发指的招生腐败）也忧心忡忡。我会继续就这类问题发表自己的看法。

其实，有两个基本概念的命名一直很含糊。为了说话方便，大家把目前教育上的不同做法习惯地归为“素质教育”和“应试教育”，我一直认为这对双方都是过度的恭维。全面提高学生综合素质和应试本不应当有太大的矛盾，但是因为有落后的高考制度，才形成当今畸形的教育。对照20世纪70年代以后东亚国家和地区盛行的应试狂潮、“恶性补习”，以及随之而生的学生厌学、厌世状态，如果不改革，中国教育有可能出现更困难的局面。

有问难者想要我回答高考改革等一系列问题，质疑全面提高学生综合素质的提法，并请问素质教育教学的具体做法。估计这些同行并非一无所知，也就是要抬抬杠而已。拙文仅对南京高考排名风波发表一点看法，没有必要、也没有可能来阐述素质教育的具体目标和做法。但是如果因为拙文没提及应试策略，就被认定是“牺牲学生利益”，那恐怕是逻辑的混乱。我由这类提问想到，即使在教育系统内部，有关方面也应当注意加大课改宣传力度，同时要注意通俗化。今夏我在一些课改实验区得知，确有不少教师因不了解课改基本知识而闹出笑话。

有些教师忧虑推行课改后，会导致学生因不刻苦学习而考不上大学，转而想到“学生不刻苦，以后没有出路”，等等。我想，有些问题绝不是靠补课和加大作业量就能解决的。关键是如何激发学生的学习兴趣和学习动力。一个学生，只有热爱学习，把学习当作快乐的事，他的学习才会有价值。

早在此前，苏北的一些校长和教师说过，他们根本不愿意“死揪”，因为那样的工作简直没有尊严。每逢评比，有些被评上的教师很难为情：把学生逼得每天只睡四五个小时，疲惫不堪，自己反而成了“模范教师”甚或“师德标兵”；在介绍先进事迹时常常很尴尬，因为除了“死揪”，别无其他。有人认为在那些应试教育盛行的地区教师很有地位，学生考上大学兴办“谢师宴”，教师能挨家挨户连吃二三十天，并坦然地接受各种礼品及红包，据此认为这就是“令人羡慕的职业”。我不评价论者的追求，但我也听那些教师说过，“谢师”的形式与农民酬谢瓦匠、木匠无异，因为自己实实在在就是个教书匠。

孔夫子时代没有“死揪”，“东鲁春风吾与点”式的教育教学，令人陶醉；科举时代也没有“死揪”，那至多不过是“自揪”；在号称改革开放的新时代，如果听到十一二岁的小学生对大人说“人活着没意思”仍旧无动于衷，我就不知该对那些“死揪派”说什么是好了。也有人说过，前代人在战火灾荒中读书，在动乱浩劫中读书，今天的孩子泡在蜜水中，所以读不好，所以要弄点“死揪”给他消受，——我不知道这算是什么心理。那个跳出了“农门”的马加爵挥锤杀人固然可怕，但马加爵类的人物毕竟就那么几个，比之更可怕的是看到青少年人群中那一双双呆滞冷漠的眼睛和一颗颗冷酷的心！

坚持素质教育，是不是一定会剥夺学生上大学的权利？加班加点是不是一定能让学生热爱学习？规范办学秩序是不是一定会牺牲学生前途？可以由实践检验。有一个具体问题令人担心，教育部门屈从社会压力、无视教育法规的改弦更张有可能导致新的社会问题。学校在星期六全天补课，那么，在这一天，教师和学生的人身安全应由学校负责，政府不会承担责任。教育局称：补课由“学生自愿报名，家长同意”。——那么，教师是否也需“自愿报名，学校批准”？物价局将如何制订星期六补课的收费标准？保险公司的保险责任是否包括星期六补课这一天师生的活动？等等。法律法规尚不健全，但是中国毕竟在讲法治，不要等出了问题纠缠不清。三年前，苏北某校一名初三学生星期六中午回家时被汽车撞死，家长与校方对簿公堂，律师才一开口，校方立刻缴械，乖乖赔钱。你不妨猜猜，那律师说了些什么话。

“城中好高髻，四方高一尺”。高中开禁周六补课，初中的补课也就顺理成章，小学竟然也搭上了补课的船，而明年此刻，会不会把学生的星期天也填满？真的很难说。说实话，我很担心新一轮课改会失败，因为目前的形势并没有20年前好，人的观念已经不是“求实”，而是“求实惠”了。

如果我说目前的教育是无法无天的教育，肯定没有人同意。但是目前在我们中国的学校里，几乎每天都有违法的事，到处都有违法的事：其他不说，就说违反《劳动法》，违反《未成年人保护法》的现象，可能并不难找。

去年秋天到云南山区支教，有一天报告结束，一位青年教师对我说，你报告里提到的主张和做法都是正确的，可是我们这里的评价标准就是高考成绩。我累得不得了，心里也痛苦。我知道我落后，可是如果不这样做，我就会失业，一家老小就靠我一个月几百元钱，你说我该怎么办？——他的苦恼也许是多数教师不同程度面临的难题，如果鼓动他们不惜个人利益去适应教育教学改革，是不现实的。一年过去了，我时时想起那位青年教师。他的窘境，城市教师（特别是所谓重点中学教师）一般不会有，可是如果处在比较优越的工作环境中仍旧不肯涉险犯难，见到土疙瘩也硬说是地雷，千方百计地拒绝教育教学改革，那就对不起成千上万渴望改革的基层教师。

（《南方周末》2004年10月14日）

我对课改充满信心

去年9月，因南京“高考之痛”事件有感而发，写了篇《“不是爱风尘，又被风尘误”——反思南京教育界的一场讨论》，文章见报后，一些报刊转载，也有一些同行通过各种途径发表意见。原以为此事也就过去了，但近三四个月以来，余波不止，所到之处，仍不断有校长、教师和我谈论此事，言辞恳切激烈，大家感到局面困难。我当然知道，凭几支笔写几篇文章是不可能解决问题的，况且“补课令”一下，潘多拉的盒子就此打开，只有开始，难有结束。中国的任何一次改革，都会引发轩然大波，教育改革也不例外。作为教育改革的一件大事，这次课程改革所受到的质疑与诘难也是正常的。放眼世界，不改，就没有出路；走回头路，则无异于把教育界重新推回蒙昧与黑暗的年代之中。我对中国即将全面开始的教育改革始终充满信心，因为不管怎样，毕竟可以朝前走上一大步。

没有歌，没有诗，也没有梦

对所谓的“南京高考之痛”讨论，我无暇多言，因为我正在带高三毕业班。对高考模式及学生负担，带毕业班的教师总还是有点发言权的。但我注意到近期的讨论，好像没有几位一线教师（特别是高三教师）热心参与，颇耐人寻味。

教育往何处去？为什么应试教育会如此有市场？为什么相当一部分教师对即将开始的课改有那样深的抵触情绪？为什么他们念念不忘高

考排名？为什么他们对各科“课标”百般挑剔？为什么媒体会刊发那么多鼓吹应试教育的奇谈怪论？为什么一些专家、学者也追随其后鼓噪？在教育观问题上，我始终搞不清一些人的观点，他们为什么总是变来变去？为什么他们平日里无所事事，而见到任何改革举措都会反对？

说到底还是观念问题。

某报有作者撰文，对我在文章中提到“21世纪内能不能消灭高考”一说不能接受。为避免误解，我愿意把话再说一遍：“我们要尊重现实，然而高考实在不是个理想的制度，它有很多不合理的地方，以目前的社会条件，我们不得不采用这个制度，因为它毕竟还比较公平，——我甚至想说得难听一些：以目前社会的文明水平，我们也只配用这个制度。”只要看完拙文，不难明白我的意思。我的观点是：必须让时下的这种高考模式寿终正寝；至少是要改革这种模式。令我没想到的是，一些读者对这些话很敏感，大加挞伐，认为“清谈误人”。其实，即使我有“消灭高考”的权力或资格，离“落实”的时间还长着呢，不是说“21世纪内”吗？纵然是我信口开河，也只能让后世讥我无识，判断失误，还不至于要令同辈大动肝火吧。

我是恢复高考制度的得益者，如果不是1977年恢复高考，我和很多知青的道路也许会更曲折。然而高考模式给中国教育带来的困境，是我们始料未及的。27年来，它没有改革，弊端丛生，造成社会性的功利教育，阻滞了中国教育的现代化。如果它真是个合理的制度，就不会剥夺一个人的童年和少年，就不会酿成那么多的悲惨事件。去年秋天，某报开始“素质教育讨论”的当天，传来江苏一知名中学高三学生因不堪重负自杀身亡的消息。面对那样的悲剧，竟有人冷酷地说“那不是强者的选择”！

对贯彻实施素质教育，不断有人发难，近期多次听到这样的言论：如果不用这种高考形式，农村孩子怎么能有出路？我对此很不解，这种言论恰恰是对农村教育的轻视。持此论者凭什么说农村的中小学教育不能走全面发展学生综合素质的道路？是不是认为农村中小学学生只配走“狠抓死揪”一条路？反对取消这种高考，是不是意味着要坚持它一百年不动摇？这种导致落后的高考模式，不改革行吗？

我清楚论者的出发点。在现有的高考模式下，一些家长的顾虑也可以理解，特别是那些没有权势的群体，他们只能寄希望于孩子靠寒窗十年考场一搏，以有“出头”之日。但是我认为，改革高考模式的时机已经成熟。我的意思是：我们不应当用这样的模式去选拔学生，我们的学生不应当吃这么多不必要的苦，应当省下时间和精力去学习更有用的知识，培养适应未来社会的学习能力。改革高考，恰恰是为了广大学生的前途，为了提高他们的生存能力。

不久前，一位教育界前辈说笑话，称教育以后可能要划归工商局管。原因是：许多学校把教育当产业，巧立名目乱收费，教师缺乏敬业精神，把自己当商人，唯利是图；另一面是学校理念落后，把学校教学弄得像生产线生产标准件，不注意培养学生的学习个性，教育成了工业。合二而一，所以当归工商局管云云。虽是玩笑，也有点歪打正着。

学生也重视考试，重视升学，他们把考上名牌大学作为人生理想。然而为这种目标的学习也使他们厌倦。有学生在作文中说：“分数是什么？是父母向别人炫耀的资本，是老师的奖金，是学校的招生广告，是校长、局长升官的政绩……分数是什么？是学生的灾难。”——学习成了没有乐趣的事，教育质量也就可想而知。但是，你以为所有的学生都渴望取消这种高考？恐怕未必。某年高考数学试卷比较容易，一些名校的学生考完后在考场门口失声痛哭，因为他们的优势显不出来了。我看了那一幕后心冷齿寒，永远难忘。而很多教师也把宝贵的精力全消耗在无价值的高考竞争中。他们把高考分数作为个人的人生追求，个人的喜怒哀乐皆出于此：高考得胜，均分比同行高出一两分，则傲然四顾，为之踌躇满志，在报刊上吹嘘，在同行中宣传，填进各种表格，写进各种总结；而一旦比同行低了三五分，则愤而怪运气不好，怨学生笨，骂阅卷不公平，责备命题水平低，情绪一落千丈，决定进一步“死揪”……这样的队伍，能搞好课改吗？

更令人悲哀的是，主张加班加点“死揪”的人群中，有相当一批是青年教师。

中小学升学率的恶性竞争造成学生学业负担过重，过重的学业负担在摧残青少年，为什么有的人就是不肯正视这样的事实，不肯去思考人的尊严和教育的尊严呢？

我不想再谈这些现象了。

我多么想听见孩子们的歌唱！好多年了，听不到孩子们率性的歌唱。我想看到孩子们旁若无人地对着群山唱，对着天空唱，我想看到他们脸上对明天的憧憬……

然而，没有歌，没有诗，也没有梦。

一位孩子打来电话说，他很忙，每个星期天都要去参加“奥数班”，讲义很多，做不完。这个孩子11岁。

一位初中生告诉我，他时间很紧，不能来我这里借书了，“妈妈不准看闲书”。

一位高三学生告诉校长，他是自愿站着上课的，与教师无关，因为他太困了，如果一坐下，他会立刻睡着的。

我的同事说，他最怕看见一个孩子神情黯然地背着书包，孤独地走在路上。而我最怕听见的是十多岁的孩子对人说“人活着没意思”。如果一位教师对这些无动于衷，依旧摆出那张冷冰冰的脸，依旧不明白教师的职责，那对他又有什么可说的呢？——我为什么不愿卷入无益的争论？往往是因为想起那些冷漠的面孔，是因为看到他们把手插在袖管里。

近年我之所以用更多的精力关注教育现象，除了职业因素，更是因为意识到一种危险。对我们这样一个发展中国家来说，13亿人是多了一些，但是比13亿人口更令人忧虑的是国民素质。如果不实行素质教育，再过几十年，我们可能要面临比今天更多、更复杂的社会难题。和发达国家比较，我们在大部分领域的全面落后，根子出在教育上；而中国诸多的社会问题，最终又无一不归结到教育问题上来。

何处是源？何处是口？

课改需要良好的舆论环境

我们中国，每每有改革派与保守派争论，双方要争取的都是看客。无奈中国看客往往以“看”为乐，他未必要支持谁反对谁，他图的就是个热闹。然而教育问题事涉千百万家庭，事情就变得不那么简单。媒体上展开的“群众论教育”就变得很敏感。

中央电视台的新闻节目公开了对所谓的“南京星期六补课通知”的一次“民意调查”（据说是网上调查），不加任何解说。在回答“对于南京教育局的这个做法，你是否支持”这一问题时，支持的占52.38%，反对的占43.00%，说不清的有4.63%。——对这个结果，主张补课的一派欢欣鼓舞，认为这就叫“办人民满意的教育”。一时间，有人兴奋得连“三个代表”也抬出来，声称“把学生送进大学是贯彻‘三个代表’最好的体现”。当对教育改革一无所知，当社会的价值取向出现明显的偏向时，这种“民意测验”“问卷调查”有什么价值，起的又是什么作用呢？

有家电视台播放“心愿之旅”的组合镜头，其中一位中学生说“我最大的心愿就是考进重点班，离开普通班”。不知道听到这样的“心愿”，他的校长和老师是否能处之泰然？我同样不知道那家电视台的编导对什么是教育能知道多少。

我曾批评个别媒体唯恐天下不乱，热炒那个所谓的“高考之痛”。有教师出来为这些媒体打抱不平，认为我不应当对媒体指手画脚。这种对媒体的敬意固然显示了教师的谦恭，但毕竟是把媒体当作比教师还要可怜的弱势群体了。而那些媒体也根本不领情，总是在那里无休止地对教育改革指手画脚。不久前苏南某市有位读者看了孩子的语文教科书，立刻投书一家晚报，说现在的教科书编得不成话，竟然连《荷塘月色》也没有，怎么得了！教育局看到报纸有“负面报道”，当即下令调查，闹了一场不大不小的风波。—— 一封信就让教育界折腾不休，而这只不过是在说一篇课文呀，难道教科书的编写和选用也得让家长来投票？附带说一句：那套教科书中并非没有《荷塘月色》，只是放在了第二模块，几个星期后就会学到。这位家长只看了第一模块就自以为是地发难，媒体顺风放火，不费吹灰之力，就让一所学校的课改几乎停滞。

某报有文称“英美等国也有高考”，试图以此证明“死揪”无罪。我虽无公费考察英美发达国家的机会，但是如果仅仅考察回来一个“英美有高考”，我看不去也罢。再说，英美的高考是什么形式，不出洋也未必一无所知，那一头总不至于也是师生同甘共苦“从早上6点半干到晚上10点半”吧，总不至于市场上同时能买到成千上万种教辅书吧……不知为什么，有些人总喜欢把法治社会歪曲得和自己一样无法无天，然后再以此作为自己无法无天的依据。又有校长撰文称：“家长希望孩子通过勤奋学习上他该上的学校，过上该过的生活；学校和老师帮助他们实现自己的理想，何罪之有？”——更是匪夷所思。难道在他们眼中，这就是教育者的理想？这就是学校的任务？我们的学校什么时候等同于一般的服务性行业了？把教育的本质、目标歪曲到如此地步，也算是奇闻。

凡此种种，不一而足。为全面推行素质教育方针而进行的教育教学改革，是中国发展的要求。课改应当有一个好的舆论环境，但是很遗憾，我们看到的不是这样。那场所谓的“高考之痛”讨论是一家晚报首先发难的，教育界认为记者不慎重，但是记者们强调“读者有权知道”，认为发出的消息不准确可以更正。然而教育不同于一般行业，其中的许多问题（特别是教学问题）不可能通过“群众讨论”“群众投票”来解决，如果假借所谓“民意”来反对教育教学改革，那就有可能造成不堪设想的恶果。

南京市教育局局长在会见记者时曾无奈地说：“确实有少数这样的媒体，今天批评你不搞素质教育，害得学生‘吃不消’，明天又批评你不重视高考，不代表群众利益，害得学生上不了大学；今天要求学校照顾学生‘朝九晚五’，明天又要求学校考虑家长早上班、晚下班。如此等等，让人无所适从。……我们推出‘中小学生才艺拓展计划’，个别媒体反诘道：‘唱唱跳跳就是素质教育吗？’我们在小学实行冬季作息时间，想让小学生冬天推迟10分钟到校，个别媒体又追问：‘10分钟能挽救孩子的睡眠吗？’……就是这样一些争论，使我们丧失了很多发展机会，付出了许多本可不付的代价。”（2004年12月7日《金陵晚报》）

当然我也对教育行政部门在巨大的压力下做出的补课决定表示遗憾，事已至此，说什么也难以挽回。我于是想到，课改需要良好的舆论环境，需要全社会的理解与支持。

我对课改充满信心

一年来，听到各种各样有关课改的奇谈怪论，早就习惯了，因为这就是中国的国情啊！有志改革的教师说起课改，无不感慨万端：在中国搞改革为什么就这么难？

然而我对课改、对高考改革充满信心。如果教育改革是件轻而易举的事，那要我们这些人做什么呢？

“楚虽三户，亡秦必楚。”

很平静地想起这句话，因为我们能看到明天。

众所周知，应试教育像一面巨大的天幕，笼罩着教育界。在这种情势下，一些原本有教学特色的学校很难坚持正常的教育理念，风格不存。一些名校的“与时俱进”我们早就看透了。关于这一点，我在《在欢乐中沉思》一文（收入拙著《不跪着教书》）中已经谈过。中国许多名校在疯狂的应试大潮中非但不肯做中流砥柱，而且推波助澜，令人感到羞耻。我很怕以后教育界的董狐不客气地写下这么一笔。

去年9月，我在《新民晚报》发表了《把“人的教育”写在我们的旗帜上》一文，有同行讥之为“乌托邦”，认为“人的教育”是“明天的空气”，认为在现今中国不可能实行。我认为，“人的教育”在这个世界上非但不是明天的事，更不是今天才提出，而是昨天就有大批有识之士实践并取得了成效的事。把人的教育说成是“明天的空气”，这种极端消极的言论是对教育的亵渎，因为即使在应试教育猖獗之际，依旧有无数的教师坚守理想，努力实践着“人的教育”，否则我们将面临更糟糕的环境！也正因为教育界还有这样的“三户”，所以我们对教育改革应当充满希望。我们看到中国教育改革面临的巨大阻力，但我们更应看到千百万人的愿望。

回顾历史，正视现实，我们也许应该明白：改革，留给中华民族的时间和机遇好像已经不多了。相比而言，科举的确富有生命力，竟能顽强地活一千多年，可惜后来被列强大炮轰毁；近百年教育走到今天，已是步履维艰，而二十多年前恢复的高考却仿佛没有科举的青年时代那样朝气蓬勃，才二十七八岁，已成恹恹病夫。这也许因为中国面对的是一个突飞猛进的世界，——如果不改革，下一次对手可能连大炮都用不着。在全面落后于世界发达国家的情况下，还能把“人的教育”当成“明天的空气”吗？如此守旧，中国还有没有明天？

但是我注意到，相当一批教师对目前的形势做了有价值的思考。教师应当是思想者，是思想者就得有责任感。不具备这样的认识，就不配称自己是“知识分子”。同样，改革高考的时机已经成熟。我很高兴有那么多的专家和同行已经开始研究可行的方案，虽然困难还很多。

鲁迅说过：“可惜中国太难改变了，即使搬动一张桌子，改装一个火炉，几乎也要血；而且即使有了血，也未必一定能搬动，能改装。”

然而这种近乎绝望的悲哀并没有阻碍鲁迅前行的步伐。

作家刘烨园曾来信说，现在需要的是“扎扎实实为中国做事的人”，语极朴实，意味深长。今天的教育改革，需要智慧的帮忙者，不需要懒惰的看客。当务之急，是要有建设性的意见，要有勇敢的探索实践。

少说空话，让我们大家都扎扎实实地做事吧。

2005年1月15日

（《教育参考》2005年第2期）

什么是“人民满意的教育”？

近五六年来，教育观念与教育行为出现的混乱，可能对教育的发展产生严重的负面影响。之所以这样说，是因我长期在一线教学，已经越来越难得听到经过理智思考发出的声音。混乱的原因可能是多样的，也许是开放“搞活”的必然的嘈杂，也许昭示的是没有权威的气候，也许是教育改革必然要蹚过的中国式市侩文化的泥泞之路。

炫目而迷乱的口号

像其他行业一样，如今教育界也很能跟风，总有人提一些莫名其妙的口号。半年前，在街头看到某区教育局悬挂的拦街标语——“用心、用力、用命，办人民满意的教育！”

这条标语令我困惑，也不大舒服，有一种重温1958年的感觉。想当年，那是些多么豪壮的口号啊，“赶英超美”“一天等于二十年”“革命加拼命，拼命干革命”“大干快上”，什么都来了。“用心、用力、用命”？这种缺乏理性的呐喊有可能再次把教育改革推向胡闹的深渊。教育如何“用心、用力、用命”？至今没有权威人士做出合理的令人信服的解说。他们现在提出这样的口号，是否意味着此前他们没有“用心、用力、用命”？许多教师看了以后感到别扭，有人质疑：“用心、用力、用命”就能办好教育吗？为什么不多用用脑袋？

不可思议的是，社会似乎接受了这个口号，校长们大会宣讲，当街悬挂，对媒体发布，而且以此作为评价标准；一些校长在工作总结中，也特别注意写进这个“用心、用力、用命”。浮躁的口号固然彰显官场好作大言的痼疾，同时还表现出一种危险的思想倾向，就是把教育当作一般的服务性行业，而没有意识到教育是国之柱石、千秋基业。

所谓“人民满意的教育”，首先就是“做大做强”，以此“扩大优质教育资源”。

近年一些名校“做大做强”的战略宏图，也让我想起了1958年的跃进风。这个所谓“做大做强”，是教育产业化的衍生物。如今教育界许多干部，都是1958年以后出生的，没吃过浮夸风的苦头；而对一心“进步”的官迷而言，他即使知道1958年的灾难，也会装作不知道，他瞄准的只是个人利益。教育能不能走市场化的道路？结论已比较明朗，和前五六年不同的是，大家纷纷出来否认自己有过“教育产业化”的言论。但是一些人“抢占市场”的意识过强，想“领跑”，拼命“做大做强”，一省之内，斥资两三亿、占地三五百亩的学校比比皆是，在一些经济不发达的县级市，也能看到耗资上亿元建设的豪华学校。然而这一切并非出于重视教育，而仅仅是把教育当作赚钱产业。我在江南的一些县镇看到这种比过去普通大学规模还要大的“名校办民校”，疑窦顿生：这些学校消耗的是不是纳税人的钱？这样负债累累的学校靠什么维持？沉重的经济包袱以后让谁来负担？农民失去了土地，将如何生存？……

当今之世，要尊重市场规律，但是更应当注重社会道义。比如，医院治病收费，但是医疗卫生能就此成为产业吗？我们认为医疗卫生应当是福利事业，这是从公职人员的角度去看（特别是一定级别的干部，他的伤风咳嗽都得由纳税人包下来）；但是对农民来说，只要交不出医药费，就只能在医院门口等死。中国的医院几乎每天都在上演这种残酷的见死不救的真实故事，这是令有良知的医生们痛苦不堪的事，也是全中国政府机构都面临的尴尬问题，大家都尽可能避而不谈，但是农民却无法回避这种现实。然而如果把医疗卫生当作产业，从价值规律而言，这种见死不救的现实就有可能是合理的。如果承认这是一种不公平，你就还算个有良知的医生；反之，你配行医吗？教育的问题也一样。比这种见死不救更可怕的是，教育如果产业化，就没有必要也不可能有能力去搞希望工程，穷人的孩子读不起书，就只能去放牛、去挖煤；而且我们会眼睁睁地看着无法接受公平教育的人们怀疑并仇恨这个社会。

"名校办民校"，与民争利，破坏了公平教育，阻滞教育的发展，而且也滋生腐败。国有公办学校的校长同时兼任民办学校的董事长，用国家的钱来建设"民办学校"，无视必然出现的办学困难，坐等经营不善，最后实现"改制"，低价转让给私人，由纳税人买单。这与盗窃国有资产没有什么区别，而至今仍然没有制定有效的政策遏制这股盗窃风。

"做大做强"的理由之一是"充分利用优质教育资源"。名校所以成为名校，靠的是名师。建学校盖大楼，只要有钱就行，但是培养一代良师，没有一二十年难成。一所学校有一二十位名师，是谓"人才资源"，如一锅水中放一把盐、一勺味精；如果将"做大做强"简化为在旁边再放上一大桶水，这岂不是"稀释优质教育资源"吗？行家批评这种做法是缺心眼儿，我看不完全是缺心眼儿，还是"政绩意识"在作怪。有人明知后果，也要利用这个"政绩"往上爬，至于留下什么样的烂摊子，他不管。

我认为，名校恰恰不宜有目的地"做大"，而要做成精品。一所学校必须有特色，独一无二，只有这样，才能给普通学校参与竞争留出空间。

但是，我估计这一次折腾的结果比1958年会好得多，那一年，好多人在饿死前一定是望着天发问："天啊，一亩地到底能打多少粮呀？"而今天，思考这样的问题不至于再被定为思想罪。

但是，我还是要对"用心、用力、用命"的口号问上一句：能不能多用用脑袋？

教育教学听谁的？

教育界最可怪的，就是虽然知识分子绝对人数最多，却并不把教师当作有思想意识的人，总是要求他们服从、听话，久而久之，相当一部分教师也就乐得只干活不思想。他不会独立思考，只愿“听话”，倒也罢了；问题在于，他想听谁的。

是啊，就如眼下的教育改革，我们应当听谁的？几十年来，从读师范到工作实践，不断有人给我们发放小册子，每一代政治家论教育的小册子，我都有过。当年我一直不解，难道说政治家什么都精通？比如，五个政治家论教育，论说有所不同，听谁的？如果五个政治家都伟大，所论述的都是一个道理，那又有什么必要全都发给我来学？不经思考，迷信权威，不按科学规律办事，中国人在这方面犯过的错误还少吗？1958年，湖南安江农校教师袁隆平看到“农业八字宪法”，说：“不对，漏了一个重要的字——‘农时’的‘时’。”有人立刻严肃地警告他：“这是毛主席说的。”袁隆平脱口而出：“毛主席不是学农的。”他因此获咎。几年前，有幸与袁隆平一席谈，他说的这件事令我感慨不已。什么是独立思考，什么是科学家的人文素养，什么是科学精神，都可以从这里找到答案。有袁隆平那种科学态度，水稻专家才有可能去解决几亿人的吃饭问题。然而，在我们这样一个国度，更重视政治家们论农业，而对袁隆平们如何说，可能是不大留意的。同样，我想问的是：五十多年了，中国为什么没有出过真正意义上的教育家？

与此相仿，我们的社会也非常注意“群众意见”，常常把群众的意见抬出来放在第一位。这固然体现了对群众的尊重，体现了一定的民本意识，但是就一个发展中国家的教育事业而言，这样的选择也许并没有多大价值。“家长”是“群众”，“群众”就是“人民”，家长不满意，等于“人民不满意”。市民对教育可以参加意见，但是仅仅因为他是市民，他说的话就能代表“人民”？他就可以肆意歪曲教育？从近年对教育界的批评可以看出，社会性的功利主义是课改最大的障碍。

群众对教育的认识和判断，目前还无法达到教育发展所要求的最低水准。基层教育局局长说，现在召集家长座谈会，“主流”的话都无法公之于众。为数相当多的家长认为只要能让孩子考上好大学，听凭学校安排；而一些校长则利用部分家长的心理，为违反规定补课大造舆论。

如果“人民满意”等同于“群众满意”的话，“办人民满意的教育”这个口号就很值得商榷了。举最简单的例子。作为教师，我对高三毕业班一周要上8节语文课感到困惑，但是很奇怪，许多家长一点也不困惑，他们认为课越多、作业越多，越说明教师“用心、用力、用命”；对每周8节语文，家长中也有反对者，他们认为一周上8节语文太多了，应当把时间用到数理化或外语上去，他们问：“上那么多语文课有什么用呢？”

还有更滑稽的现象。在“办人民满意的教育”这个口号中，“人民满意”竟然不包括教师和学生，而仅指学生家长。如，星期六该不该补课？——这个问题该不该提出姑且不论，提出来以后该由谁来回答，我以为首先应当尊重教学双方。可是2004年当个别媒体就违规补课向“群众”做口头调查时，对象竟然清一色是学生家长！对这种“群众意见”，教育行政部门一声不吭，有的校长竟然把这种“群众意见”当作反对课改的挡箭牌。当对教育改革一无所知，当社会的价值取向停滞在一个比较落后的状态，出现明显的偏向时，这种“民意测验”“问卷调查”有什么价值，起的又是什么作用呢？据说有的地方教育部门（包括一些校长）作秀成瘾，竟然放出话来，称选用什么教材，也要征求家长意见，这种猥琐的表演又超乎一般服务行业之下，简直和街头行骗差不多了。

去年，我就所谓“南京高考之痛”的讨论发表看法，提到“人们忽略了以下根本性的问题，即：学生希望得到什么样的教育？他们渴望得到什么样的发展？他们接受什么样的考试形式？”我认为，我们大家都应当听听学生说些什么。没想到文章刚发表，立刻就有教师“代表全国的中学生”斩钉截铁地回答说：“学生希望的就是考上大学！”——如果全国的中学生都认可这位教师做出的回答，那也许真是中国教育的悲哀，也许更能验证应试教育对师生的摧残，当然，那也许真的到了让人无话可说的地步。什么责任呀，未来呀，民族希望呀，就在这种貌似捍卫学生根本利益的幌子下全都消灭。那些不遗余力反对课改的人们究竟出于一种什么样的心理，出于什么样的价值观，一直是我想知道的。如果仅仅是出于怯懦的性格，出于懒惰的作风，或仅仅是一种短视，只要没有个人企图，那倒并不可怕。

然而问题并不那么简单。他们不是没有看到不公平，不是没有看到落后，他们只是看到走在前面的人有可能“踩地雷”，而他们既不敢亲自去排雷，也不愿意让别人排雷而成英雄，在他们看来，倒退最保险，但是他们又不愿意一个人喊倒退，希望大家一道喊，形成“群众意见”。——他们怕负责任，怕吃苦头，怕失败，但是唯独不怕中华民族教育落后于世界。他们不是尊重规律、尊重教育的本质，而是过于重视个人利益，对社会习惯势力无比敬畏。

如果教育者把“群众的意见”一律视为圭臬，那革新教育就无从说起。中国旧时的宗族家法，也是一种“群众意见”，所以有沉潭与乱棍打死；义和团人多势众，也曾倒电杆扒铁路；在当今世界不开化地区，斩首与寸磔也只需要群众齐喊一阵……这种“群众意见”有什么“先进性”？我们是不是也要用这种方式来办教育？

错把家长满意等同于“人民满意”，或许这就是问题的症结。

在教育问题上，我绝对不反对听取群众的意见、听取政治家的意见，但是，我更主张听取专家的意见、听取教师和学生的意见。

教育仍在被玷污

教育界出现一点混乱未必是坏事。但是校长和教师不摆正自己的角色，弄不清自己的任务，则肯定不是好事。

前几个月，在某报“素质教育再讨论”中，有位校长撰文称：“那些高扬着‘人’的理想主义教育大旗的人们，将现在的教育一概斥之为应试教育，并且欲全部付之一炬而后快的人们，他们勾画了一个教育的乌托邦，却在呼唤学生们反对现在的教育、抛弃现在的教育。要今天的人呼吸明天的空气，可能吗？”文章公然称素质教育是“媚雅”，认为比媚俗的应试教育更坏。——这些话说得很果断也很明确，就是要旗帜鲜明地支持应试教育，反对素质教育，反对“人的教育”。悠悠万事，唯此为大，文章竟然把“考大学、过好日子”当成学校的唯一任务，实在匪夷所思。这可能是把市场的商业运作概念照搬到教育上来了。文章在鼓吹一种“服务意识”，也许在其看来，教育是一种供需关系：家长付了学费，他想购买什么就得听他的，学校的一切工作要以满足消费者的需求为宗旨。作者的观点，是把学校的职能理解为商业服务，教师等同于商业服务员（类推，校长也就成了老板）。按这个逻辑，学校被当成饭店、宾馆、发廊、浴室，因而一些怪现象也就正常化了。比如，家长可以随意干预教师的教学。有学校请家长进课堂听课，如果家长对教师的教学不满，学校可以随即更换教师；有的学校征求家长对教学的意见，作业量由家长说了算；有的请家长对教师批改作业提意见，还有小学竟在学校首倡教师“跪式教学”……请问，世界上有哪些国家敢这样肆无忌惮地玷污教育？师道尊严或许不必提倡，但是敬重教育的意识总该是有的吧。在他们眼中，教育是商业，学校是企业；在他们眼里，教师就是供家长和学生使唤的仆佣，学校办学原则由“消费者”说了算……至于说“媚俗”与“媚雅”，我又不明白：为什么有些人总想要“媚”？再有，“人的教育”这个提法错了吗？如今的校长们都是经过上岗培训的，难道对他们讲授教育学的先生们只教会了他们一个“媚”？

在应试教育猖獗的地方，校长们也的确终年忙碌。例如为了比升学率，比名牌大学入学人数，学校之间争生源，每年都有一场恶斗，手段奇特，无所不用。为了争抢优秀的初中毕业生，甲校许诺“只要愿意，降20分录取”，乙校则开出条件说“只要愿意，免试录取之外，送一辆电单车”，丙校称“只要愿意，送10000元奖学金”，丁校说“只要你选择我们，可以挑班挑教师”……至于教学质量如何抓，各校都有自己的“招”。有公立学校校长私下给一民办学校校长面授机宜，说：“考试分数上去了，生源就来了。要想考试分数上去，诀窍只有一个——别把学生当人看待，要找敢给学生施大压力的老师。”

他们就是这样肆无忌惮地玷污教育。

教师的思想也混乱。同样是摆不正关系，庸俗作风和伪圣情结同时渗透到应试风潮中，显出种种怪异。这些教师完全不顾教育本质和教育尊严，努力迁就家长和学生各种不合理的要求，把教师荣誉和升学率、考分紧紧地结合在一起；不是按教育教学规律教育学生，而是屈从于少数人的特殊需求。家长希望教师给孩子“开小灶”，教师就单独辅导；家长希望孩子朝某个方向发展，教师就迎合家长的意旨做学生的工作；家长希望补课，教师就对学生讲出一番加课时的“科学道理”……究竟是当教师还是做仆人，他弄不清了。学生考得不好，教师想不开，内心痛苦，寝食不安，自怨自艾，似乎这样才能体现教师的责任感，才能在家长、校长那儿受到好评。如果高考得胜呢？我们教育界的一大批“名师”“特级”靠的不就是这个吗？如果没有了高考，名师无名，特级不特。这类教师，能和家长一同挖苦“素质教育”，能和家长一同诅咒教育理想。你批评他不敬业，可能有些冤枉他，因为他的样子很辛苦，一丝不苟；你说他没有水平，也可能小瞧了他，他毕竟对高考有所研究。他把高考当成教师的唯一使命，当作精神追求。如果你认为他是合格的教师，那就错了：他没有理想，也鄙视理想，他“现实”到不愿意为明天做一点点事。所谓“盛到碗里并不是肉，吃到肚子里才是成就”……在我们中国，家长们是多么喜欢这样的教师啊！因为这种教师，和他说一样的话，打一样的算盘，志趣相同，人格追求也可能一样。形成中国教育困难局面很不幸的一个因素，正是这种世俗猥琐的教师观。教育界弥漫着的市侩习气，令人窒息。

有学者认为，和发达国家相比，中国教育“赢在起点，输在终点”。我看未必如此。当孩子从六七岁上学就知道“排名次”，就知道“请家教补课”，就知道“竞赛获奖可以加20分”时，当这样的学习观念成为主流意识或形成习惯势力后，中国的教育从起点就输定了。

我说了这些，还没有回答文章提出的问题，也就是究竟什么才是“人民满意的教育”。请想一想中国的昨天和今天，想一想世界的昨天和今天，我相信，会有一些同行做出理性的思考。

2005年2月

（《教育参考》2005年第4期）